Für meine Eltern. - A. H.

Meinen Kindern Katharina, Florian, Robert und Maximilian
in ewiger Liebe gewidmet. - A. L.

Mehr über unsere Bücher, Autor:innen und Illustrator:innen auf:
www.thienemann.de

Angelika Lukesch
mit Illustrationen von Anne Hofmann
978-3-480-23893-4

Textbearbeitung: Angelika Lukesch
Covergestaltung und Typografie: Julia Astrup
Reproduktion: Schwabenrepro GmbH, Fellbach
Druck und Bindung: Livonia Print, Riga, Lettland

MIX
Papier | Fördert gute Waldnutzung
FSC® C002795

2. Auflage 2025

Angelika Lukesch
Anne Hofmann

Donnernde Götter und mutige Helden

Die schönsten
Sagen und Legenden

esslinger

Inhaltsverzeichnis

Tapfere Helden 9

Die Heldentaten des Herakles 10

Siegfried, der Drachentöter 22

Till Eulenspiegel 27

Perseus und das Haupt der Medusa 31

Wilhelm Tells Meisterschuss 35

Thor holt den Hammer zurück 39

Robin Hood, König der Diebe 49

Starke Frauen 55

Die List der tapferen Weiber von Weinsberg 56

Der Fels der Loreley 59

Kassandra und der Trojanische Krieg 62

Eine Frau, stark wie zwölf Männer 70

Das Urteil des Paris 75

Prinz Irregang und Jungfer Miseri 80

Rätselhafte Orte 85

Der Untergang von Atlantis 86

Der boshafte Puka und sein Moor 90

König Laurins Rosengarten 95

König Artus und die Nebel von Avalon 99

Der Rattenfänger von Hameln 105

Romulus und Remus 114

Die große Liebe 119

Orpheus und Eurydike 120

Rübezahl 124

Philemon und Baukis 129

Der Pfeil des Eros 134

Der Faden von Ariadnes Liebe 137

Abenteuerliche Reisen 143

Die Irrfahrten des Odysseus 144

Parsivals Suche nach dem Heiligen Gral 150

Der Flug des Ikaros 155

Die Abenteuer des Barons Münchhausen 159

Phaetons Fahrt über den Himmel 163

Tapfere Helden

Die Heldentaten des Herakles

Einst lebte in Griechenland ein Mann, der alle anderen Männer an Größe, Stärke und Edelmut übertraf. Er hieß Herakles und war halb Mensch, halb Gott. Seine Mutter Alkmene, die am Königshof in Mykene lebte, war so schön, dass sich der höchste Gott des griechischen Götterhimmels, der Göttervater Zeus, in sie verliebt hatte. Die beiden bekamen einen Sohn, den sie Herakles nannten.

Zeus hatte jedoch auch im Götterhimmel eine Gattin. Sie hieß Hera und war eine äußerst mächtige Göttin. Als sie sah, dass Zeus einen Sohn mit einer Menschenfrau hatte, wurde sie sehr zornig. „Ich hasse dieses Kind!", rief sie und legte dem kleinen Herakles voller Hinterlist zwei gefährliche Schlangen in die Wiege. Die Kinderfrau des Herakles schrie beim Anblick der Schlangen entsetzt auf, doch der kleine Herakles packte die beiden Schlangen mit seinen kräftigen Ärmchen einfach am Genick und erwürgte sie. Dann lachte er, als sei nichts geschehen.

Als Herakles größer wurde, wuchsen auch seine Kräfte. Er lernte den Faustkampf, das Ringen und das Bogenschießen. „Komm und kämpfe mit mir", forderte er seine Freunde oft auf. Doch so kräftig viele junge Männer am Hof auch waren – gegen Herakles kamen sie nicht an. „Gegen dich können wir doch niemals gewinnen", lachten seine Freunde und klopften Herakles gutmütig auf die gewaltigen Schultern. Mit 18 Jahren war er der schönste und stärkste Mann in ganz Griechenland, ja sogar in der ganzen Welt.

Eines Tages saß Herakles unter seinem liebsten Olivenbaum vor den Toren der Stadt und grübelte, was er mit seinen Kräften anstellen sollte. Plötzlich sprang er auf und sagte laut zu sich selbst: „Mein Vater ist Zeus, der höchste Gott. Ich bin stark wie kein anderer. Mit meinen Kräften und meinem Mut will ich etwas Gutes tun. Ich will der größte Held der Welt werden!" Dabei freute er sich schon auf die Heldentaten, die auf ihn warteten.

Etwas aber gab es, worüber Herakles sich ärgerte. Als Zeus ihn besuchte, klagte ihm Herakles sein Leid. „Eigentlich sollte ich der König von Mykene sein. Du, Vater Zeus, wolltest es doch so. Doch nun ist mein Vetter Eurystheus König geworden und ich muss diesem elenden Schwächling dienen!", schimpfte Herakles und stieß wütend einen Stein mit dem Fuß weg.

Voller Mitleid betrachtete Zeus seinen prächtigen Sohn und sagte: „Lieber Herakles, meine Gattin Hera nimmt es mir immer noch übel, dass ich mich in Alkmene verliebt habe und dass du mein Sohn bist. Sie hat es mit einer List geschafft, dass dein Vetter Eurystheus König wurde. Dagegen kann ich nichts machen. Doch ich habe einen Vorschlag: Wenn du zwölf Aufgaben erfüllst, die er dir stellt, dann sollst du unsterblich werden und bei uns Göttern leben. Was hältst du davon, mein Sohn?"

Herakles war einverstanden. Endlich konnte er seine Kräfte einsetzen und beweisen, dass er ein richtiger Held war.

König Eurystheus war sehr neidisch auf Herakles. „Wenn ich diesen Muskelberg schon sehe! Wie ich ihn hasse. Ich werde ihm Aufgaben stellen, an denen er zugrunde geht", dachte er, denn er selbst war schwach und feige. Eine ganze Nacht dachte Eurystheus darüber nach, welche unüberwindbaren Aufgaben er dem verhassten Vetter stellen könnte. Als der Morgen graute, hatte sich der grausame König einige schwierige Aufgaben erdacht. Er rief den Helden zu sich.

„Nun, Herakles, will ich dir vier Aufgaben stellen. Sie sind gefährlich, aber du schaffst das schon", sagte er heuchlerisch zu seinem Vetter und traute sich sogar, Herakles auf die Schultern zu klopfen, obschon jener einen Kopf größer war als er selbst.

Schnell trippelte Eurystheus wieder auf seinen Thron zurück, setzte sich aufrecht hin und sagte mit lauter Stimme: „Als Erstes sollst du den riesigen Löwen besiegen, der in den Bergen Menschen und Tiere tötet. Bring mir dessen Fell! Deine zweite Aufgabe ist ein bisschen heikler: In einer Höhle haust die Hydra, eine grässliche Schlange mit neun Köpfen, die alles frisst, was in ihre Nähe kommt. Du sollst sie töten! Die dritte Aufgabe wird ein Leichtes für dich sein, mein starker Held. Fange den riesigen Eber, der in den Wäldern so großen Schaden anrichtet. Ich will ihn endlich loswerden!"

Herakles hatte bisher nur zugehört und leicht genickt. Um seinen Mund spielte ein leises Lächeln. Auf diese drei Aufgaben freute er sich schon, denn die Jagd auf Tiere lag ihm im Blut.

„Bis jetzt hast du mir nur drei Aufgaben genannt. Was wird denn meine vierte Aufgabe sein, die ich für dich erledigen soll, werter Vetter?", fragte Herakles mit leisem Spott in der Stimme.

Den König erfasste der Zorn. Dieser eingebildete Muskelprotz, dachte er sich grimmig. Mit Tieren magst du ja kein Problem haben, aber nun sollst du es mit Göttern zu tun bekommen. „Die vierte Aufgabe, lieber Herakles, lautet so: Bringe mir die heilige weiße Hirschkuh, die der Jagdgöttin Artemis geweiht ist. Ich hätte sie zu gern bei mir am Hof!"

Als Herakles dies vernahm, verschwand das überlegene Lächeln aus seinem Gesicht. Vor wilden Tieren hatte er keine Angst. Aber sich mit den Göttern anzulegen, war ungleich gefährlicher. Was könnten ihm hier auch seine großen Muskeln helfen? Die Götter hatten viel größere Kräfte …

Aber Herakles riss sich zusammen und sagte laut und vernehmlich: „Sei unbesorgt! Ich werde alle vier Aufgaben erfüllen, lieber Vetter!"

„Das werden wir noch sehen“, sagte Eurystheus und auf seinen Lippen erschien ein hinterlistiges Lächeln.

Sogleich machte sich Herakles bereit, die ersten drei Aufgaben zu erledigen. Er rüstete sich mit einem großen Knüppel, Pfeil und Bogen aus und verließ den Hof. Nicht lange und schon hatte er die Ungeheuer aufgespürt und nacheinander besiegt. Seine Pfeilspitzen tauchte er in das giftige Blut der Hydra und machte sie zu tödlichen Geschossen.

Die vierte Aufgabe jedoch erfüllte Herakles mit Sorge. Wie sollte er die weiße Hirschkuh der Göttin Artemis fangen, ohne sich den Zorn der Jagdgöttin einzuhandeln? Die weiße Hirschkuh war ihr Lieblingstier. Das Fell des edlen Tieres leuchtete schneeweiß und es hatte goldene Hufe. In den Wäldern streifte die schöne Hirschkuh frei und ungehindert herum, denn niemand wagte es, sich an diesem heiligen Tier zu vergreifen.

Herakles dachte lange darüber nach, wie er diese Aufgabe lösen könnte, denn der Zeussohn war nicht nur unendlich stark und mutig, er war auch klug, empfindsam und – demütig. Er wusste, dass er sehr vorsichtig sein musste, um die Göttin nicht zu erzürnen. Vielmehr musste er sie für sich gewinnen.

Bald hatte er einen Plan geschmiedet. Zuerst wollte er die Hirschkuh anlocken. Da er wusste, dass das Tier am liebsten süße, duftende Birnen fraß, füllte er seine Taschen mit den aromatischen Früchten. Im Wald errichtete Herakles dann eine kleine Futterkrippe, die er eigenhändig vergoldete. So wussten auch die anderen Tiere im Wald, dass das Futter in dieser Krippe nur für Artemis' Hirschkuh bestimmt war.

Sorgsam legte der Zeussohn die köstlichen Birnen hinein und setzte sich ein kleines Stück entfernt unter eine schöne Buche, deren Laub im Herbstlicht rotgolden aufglänzte. Er nahm seine kleine Flöte zur Hand und spielte eine leise, süße Melodie.

Und tatsächlich! Es dauerte nicht lange, da schritt die weiße Hirschkuh in all ihrer Schönheit und Anmut langsam auf die goldene Futterkrippe zu. Der verlockende Duft der Birnen und auch Herakles' sanfte Musik hatten sie angelockt. Ruhig begann die scheue Hirschkuh, von den Früchten zu fressen. Behutsam und ehrfürchtig näherte sich ihr Herakles. Als er dem wunderschönen Tier ganz nahe war, streichelte er ihm vorsichtig über den Rücken. Sein Fell war weich wie Daunen.

„Noch nie im Leben habe ich solch ein schönes Tier gesehen", sagte Herakles leise zu sich selbst. Er unternahm nichts. Er wartete in aller Demut ab. Und sein Plan ging auf. Es dauerte nicht lange und die Jagdgöttin Artemis erschien vor Herakles – leuchtend, mächtig und schön zugleich.

„Was machst du mit meinem geliebten Tier?", fragte sie Herakles streng. Herakles bezeugte Artemis

die ihr zustehende Ehre und berichtete ihr gesenkten Hauptes von den zwölf Aufgaben, die ihm sein übel meinender Vetter aufgegeben habe.

„Ich bitte dich, hohe Göttin Artemis, erlaube mir, die weiße Hirschkuh zu König Eurystheus zu bringen und sie ihm zum Zeichen dafür, dass ich sie gefunden habe, zu zeigen. Danach soll das Tier wieder seine Freiheit haben. Ich verspreche es dir! Ich biete dir mein Leben als Unterpfand für mein Versprechen!", bat Herakles die Göttin.

Artemis blickte mit Wohlgefallen auf den schönen jungen Mann. Es gefiel ihr, wie er zu Werke gegangen war und mit welch großem Respekt er die weiße Hirschkuh und damit auch sie selbst als Göttin behandelt hatte.

Langsam nickte Artemis zustimmend. Sie löste ein goldenes Seil von ihrem Gürtel und reichte es Herakles.

„Da du nicht mit Rohheit und Gewalt, sondern mit Liebe, Achtung und Respekt vorgegangen bist, will ich dir die Erlaubnis geben, meine geliebte weiße Hirschkuh an König Eurystheus' Hof zu führen. Hier", sagte sie und reichte Herakles das goldene Seil, „mit diesem Band kannst du sie führen und sie wird mit dir gehen. Aber denke an dein Versprechen, Herakles, Sohn des Zeus: Wenn Eurystheus' Gier nach dem Anblick meiner Hirschkuh befriedigt ist, führe sie zurück in ihre eigenen Wälder. Sie ist meine Gefährtin und ich möchte sie nicht lange missen."

Herakles nahm das goldene Seil aus den Händen der Göttin, verneigte sich tief vor ihr und legte es der Hirschkuh, die dies lammfromm mit sich geschehen ließ, um. Als Herakles wieder aufblickte, war Artemis verschwunden.

Herakles machte sich nun auf den Weg zu Eurystheus, der von der Schönheit des Tieres geblendet war. Gleichzeitig aber hatte er sehr große Angst, dass er den Zorn der Jagdgöttin auf sich ziehen könnte und ließ Herakles das herrliche Tier ungehindert wieder zurück in die Wälder bringen. Herakles nahm der Hirschkuh das goldene Seil ab und streichelte sie noch einmal zärtlich und achtungsvoll. Da blickte ihm das schöne Tier tief in die Augen und Herakles sah darin die lächelnden Augen der Artemis. Dann sprang das herrliche Geschöpf in die Wälder hinein und ward bald verschwunden.

Herakles war sehr zufrieden. Die ersten vier Aufgaben hatte er gelöst. Er kehrte zum Hof zurück.

Wieder dachte Eurystheus, dessen Hass auf Herakles nach dessen Erfolgen noch weiter angewachsen war, eine ganze Nacht und einen ganzen Tag über die nächsten Aufgaben nach, die er seinem verhassten Vetter stellen könnte.

Dann rief er Herakles zu sich: „Ich habe vier neue Aufgaben für dich. Als erstes sollst du den Stall des Königs Augias ausmisten – und zwar an einem einzigen Tag!" Was er jedoch verschwieg, war, dass dieser Stall mehr als 3.000 Rinder beherbergte. „Danach musst du die schrecklichen stymphalischen Vögel vernichten und außerdem König Minos von Kreta von einem rasenden Stier befreien! Wenn du all dies bewältigt hast, fällt es dir doch sicher nicht schwer, mir den Gürtel der Amazonenkönigin Hippolyte zu bringen. Sie soll zwar ein bisschen zickig sein, aber das kriegst du schon hin, nicht wahr, Vetter?"

Herakles machte sich sogleich an die Arbeit, auch wenn er fand, dass das Ausmisten unter der Würde eines Zeussohnes war. Klug wie er war, verrichtete er die Arbeit jedoch nicht mit einer Mistgabel. Er leitete einen großen Fluss um und ließ ihn durch die Ställe fließen. Auf diese Weise übernahm das Wasser das Ausmisten für ihn! Danach fing er den wütenden Stier ein und vernichtete mit seinen tödlichen Pfeilen auch die gefährlichen stymphalischen Vögel, die mit ihren Eisenklauen alles Lebende mordeten. Die nächste Aufgabe war jedoch nicht mit Kraft zu lösen. Er musste den Gürtel der Amazonenkönigin Hippolyte zu Eurystheus bringen. Herakles hatte Respekt vor dieser Aufgabe, denn er wusste, dass die Amazonen ein kriegerisches Volk von Frauen waren, die Männer hassten. Doch der Zeussohn verließ sich auf seine Ehrlichkeit und seinen Mut. Furchtlos ließ er sich zur Amazonenkönigin Hippolyte führen und sprach: „Große Königin! Ich bin an ein Versprechen gebunden. Ich muss meinem Vetter zwölf Aufgaben erfüllen. Nun fordert er von mir deinen Gürtel. Ich bitte dich in aller Demut, ihn mir zu geben, denn ich will nicht mit dir kämpfen!"

Königin Hippolyte war beeindruckt von Herakles' Ehrlichkeit: „Ich werde dir den Gürtel geben, weil du so offen und ehrlich danach gefragt hast", sagte sie freundlich.

Herakles war hocherfreut, doch Göttermutter Hera, die ihn noch immer hasste, gönnte ihm den Erfolg nicht. Sie verwandelte sich in eine Amazone und flüsterte den anderen Frauen zu: „Glaubt ihm nicht! Herakles will eure Königin töten und den Gürtel rauben. Er ist ein grausamer Mann!" Die misstrauischen Amazonen wollten ihre Königin schützen und griffen den ahnungslosen Herakles an. Der wehrte sich nach Leibeskräften, doch nur mit knapper Not trug er den Sieg davon. Königin Hippolyte überließ ihm daraufhin den Gürtel, den Herakles erleichtert an Eurystheus sandte.

Der warf nur einen kurzen Blick darauf. Er hatte sich schon neue Aufgaben für Herakles ausgedacht, die er Herakles sofort überbringen ließ. „Und von diesen Aufgaben wirst sogar du, mein ungeliebter Vetter, nicht lebend zurückkommen", dachte Eurystheus voller Bosheit.

„Zuerst sollst du mir die Pferde des Königs Diomedes holen!", lautete Eurystheus' Befehl. König Diomedes war ein wilder, grausamer Mensch. Seine riesigen Pferde waren ebenso mordlüstern wie ihr Herr. Als Herakles eintraf, wollte Diomedes ihn zu seinen Pferden in den Stall sperren. „Das wird dein Todesurteil sein!", lachte Diomedes hämisch. Doch Herakles grinste nur. Kurzerhand besiegte er Diomedes im Zweikampf und sperrte ihn zu seinen eigenen Pferden, die ihn mit ihren mächtigen Hufen zertrampelten. Herakles jedoch bändigte auch diese wilden Tiere und führte sie zu Eurystheus an den mykenischen Hof.

Aus sicherer Entfernung betrachtete sie Eurystheus gelangweilt. Dann lehnte er sich in seinem samtenen Sessel zurück, legte die Finger aneinander und sagte lächelnd: „Gut, gut. Als Nächstes bringst du mir die wertvollen roten Rinder des Geryones. Ich weiß, Geryones ist ein Ungeheuer, aber du hast es schon mit Stärkeren aufgenommen, nicht wahr? Danach wünsche ich, dass du mir drei goldene Äpfel aus den Gärten der Hesperiden bringst – eine Leichtigkeit für dich! Als letzte Aufgabe habe ich mir etwas Besonderes ausgedacht, damit du deinen Heldenmut unter Beweis stellen kannst: Du sollst in das Totenreich hinabsteigen und mir Kerberos, den Höllenhund heraufbringen. Ich würde ihn doch zu gerne einmal hier oben se-

hen!" Eurystheus grinste selbstgefällig, denn er war überzeugt, dass diese drei Aufgaben unlösbar waren.

Herakles jedoch war unbeeindruckt. „Ich komme bald zurück, lieber Vetter, und dann habe ich alle deine Aufgaben gelöst! Und mein Vater, Göttervater Zeus, wird mir den gerechten Lohn dafür geben!" Lachend verließ er den Saal.

Eurystheus knirschte wuterfüllt mit den Zähnen und sein Gesicht verzerrte sich vor Zorn. „Was für ein Angeber!", dachte er voller Neid, als er sah, dass alle Menschen im Saal Herakles bewundernd nachblickten.

Das dreiköpfige Ungeheuer Geryones, das am Fuße der Berge lebte, bereitete Herakles die geringsten Sorgen. Es fiel im giftigen Pfeilhagel des Helden und Herakles brachte die wertvollen Rinder gut gelaunt nach Mykene.

König Eurystheus ärgerte sich so sehr darüber, dass er sich gar nicht blicken ließ.

Herakles machte sich sofort auf den Weg zu den Gärten der Hesperiden. Dies war erneut eine Aufgabe, die keine Körperstärke erforderte. Hier waren Vorsicht, Geschick und Klugheit erforderlich. Die Hesperiden waren Nymphen, die einen besonders wertvollen Garten hüteten. In diesem Garten wuchsen Bäume, die goldene Früchte trugen. Die Gärten der Hesperiden wurden von einem Drachen mit hundert Augen bewacht, der niemals schlief. Nur der Titan Atlas, der das Himmelsgewölbe trug, hatte die Macht, den Drachen zu besänftigen und die Gärten der Hesperiden zu betreten.

Als Herakles in der Nähe der Gärten war, sah er Atlas, der die Last des ganzen Himmels auf seinen Schultern trug.

„Lieber Atlas, ich muss die goldenen Äpfel der Hesperiden holen. Ein Schwur verpflichtet mich. Ich weiß, nur du kannst es vollbringen. Bitte geh für mich und hole drei goldene Äpfel“, bat Herakles.

Atlas blickte auf Herakles' starke Gestalt und ihm kam eine Idee, denn er war es schon seit Langem leid, stets die schwere Last des Himmelsgewölbes zu tragen.

Der Titan erwiderte: „Das mache ich gerne für dich, doch du bist in der Zwischenzeit für das Himmelsgewölbe verantwortlich. Du schaffst das, denn du bist stark!“

Herakles stimmte zu und lud das gewaltige Gewicht des Firmaments auf seine Schultern. Atlas ging zum hundertäugigen Drachen und sang ihm ein Lied vor, sodass das Ungeheuer einschlief. Dann spazierte er in den Garten und erbat von den Hesperiden drei goldene Äpfel, die sie ihm bereitwillig gaben. Als Atlas jedoch zu Herakles zurückkehrte, wollte er die schreckliche Last des Himmels nicht mehr auf sich nehmen. Er dachte bei sich: „Wie schön es ist, so frei und leicht umherzugehen. Soll doch Herakles fortan diese Aufgabe übernehmen!“

Als Atlas bei dem Helden ankam, verkündete er ohne Umschweife: „Ich will den Himmel nicht mehr tragen. Du bist an meine Stelle getreten und da sollst du auch bleiben!“

Herakles erschrak. Wie sollte er diesem Schicksal entkommen? Doch auch hier half Herakles eine List. „Lieber Atlas, gerne will ich dir diese schwere

Last abnehmen. Nur eine Bitte habe ich: Lass mich ein Tuch um den Kopf binden, damit mir der Schweiß nicht in die Augen rinnt. Halt nur noch einmal kurz das Himmelsgewölbe", sagte Herakles treuherzig.

Atlas ließ sich täuschen und lud das Himmelsgewölbe wieder auf seine Schultern. Doch kaum war Herakles von der Last befreit, nahm er die drei Äpfel, sagte artig: „Danke, lieber Atlas, aber jetzt muss ich gehen!", und eilte davon. Da war nun der Betrüger zum Betrogenen geworden.

Schnell lieferte Herakles die goldenen Äpfel in Mykene ab und eilte seiner letzten und schwersten Aufgabe entgegen. Er musste in die Unterwelt hinabsteigen. Dort lebten die Toten als Schatten weiter. Davor graute es sogar Herakles.

Der Höllenhund Kerberos bewachte den Eingang und sorgte dafür, dass kein Schatten die Unterwelt je wieder verließ. Durch einen Spalt in der Erde gelangte Herakles in das Totenreich und suchte sogleich den Gott der Unterwelt, den grimmigen Hades, auf.

„Göttlicher Hades, kannst du mir Kerberos für einige Zeit ausleihen? Ich muss ein Versprechen einhalten, doch danach bringe ich ihn wieder zurück!", bat Herakles.

Hades blickte mit dunklen, ernsten Augen auf den mutigen Herakles und dachte nach. Dann sagte er: „Du kannst Kerberos mit dir nehmen, aber du musst ihn ohne Waffen und ganz allein bändigen und fesseln. Das ist meine Bedingung!"

Was blieb Herakles für eine Wahl? Unbewaffnet und allein machte er sich auf den Weg zu Kerberos. Der Höllenhund war riesig. Er hatte drei Köpfe und sein Schwanz endete in einem Schlangenkopf. Freiwillig wollte Kerberos nicht mit Herakles gehen, also musste der Held das Untier unterwerfen. Ein schrecklicher Kampf entbrannte, doch den Kräften des Herakles war auch Kerberos nicht gewachsen. Sein Widerstand erlahmte und schließlich konnte Herakles den Höllenhund fesseln. Als er ihn an die Erdoberfläche trug, spuckte der Höllenhund vor Entsetzen und Wut giftigen Geifer. Dort, wo der Geifer landete, wuchsen giftige Pflanzen aus dem Boden.

Als Herakles mit dem entsetzlichen Kerberos den Thronsaal von Mykene betrat, versteckte sich König Eurystheus vor Angst zitternd hinter dem Thron. „Du hast deine zwölf Aufgaben erfüllt! Nun verschwinde, du schrecklicher Herakles! Und nimm den entsetzlichen Höllenhund wieder mit!", schrie er vor Angst schlotternd.

Schnell brachte Herakles den Höllenhund Kerberos in die Unterwelt zurück. Als er wieder nach oben kam, war er sehr glücklich. Endlich war er frei! Der Göttervater Zeus war sehr stolz auf seinen starken, mutigen und klugen Sohn. Zum Lohn für seine Taten machte Zeus Herakles unsterblich.

Sein ganzes Leben lang half Herakles den Armen und Bedrängten. Als seine Zeit unter den Menschen vorüber war, sandte ihm sein Vater Zeus eine Wolke, die ihn in den Götterhimmel trug. Dort wurde er als Unsterblicher von den Göttern willkommen geheißen. Der Göttervater freute sich, seinen Sohn nun bei sich zu haben, und sogar Göttermutter Hera vergaß ihren Zorn und schloss Frieden mit Herakles. Ihre Tochter Hebe, die Göttin der ewigen Jugend, wurde seine Frau.

Siegfried, der Drachentöter

In den Zeiten, in denen noch Drachen lebten und Zwerge ihren Geschäften nachgingen, lebte ein Mann, der als unbesiegbar galt. Er hieß Siegfried und war der Königssohn der Niederlande. Als Kind war Siegfried sehr übermütig, denn er wusste genau, wie stark er war. Nur zu gern raufte er mit seinen Freunden, denn eines war ja von vornherein klar: Der Sieger hieß immer Siegfried!

Als er ein junger Mann wurde, hielt er es vor Langeweile fast nicht mehr aus. Es trieb ihn in die Welt hinaus, denn er wollte Heldentaten vollbringen. „Die Welt soll von mir erfahren!“, dachte er. Also packte er seine Siebensachen und machte sich auf die Reise.

Doch zu seiner Enttäuschung passierte zunächst gar nichts. Er zog von Ort zu Ort und ihm wurde immer langweiliger, sodass er auf seinem Pferd fast schon einschlief. Doch plötzlich standen wie aus dem Erdboden gewachsen zwei gewaltige Riesen vor ihm. Da wurde Siegfried schnell wieder wach! Er freute sich schon auf einen Kampf, doch die beiden Riesen, die Schilbung und Nibelung hießen, baten Siegfried nur um Hilfe.

„Wir können uns nicht einigen, wie wir den Schatz, den unser Vater Nibelung hinterlassen hat, aufteilen sollen. Immer fangen wir an zu streiten. Bitte, teile du den Schatz unter uns auf“, sagte der eine Riese.

Als Siegfried den Schatz, den man den Nibelungenschatz nannte, sah, war er sprachlos. So viel Gold, Edelsteine und Schmuck hatte er noch nie gesehen! Siegfried antwortete: „Ich will euch gern helfen. Aber ihr müsst mir schon eine Belohnung dafür geben!“

Da schenkten ihm die beiden Riesen das zauberkräftige Schwert Balmung. Der Träger dieses Schwertes konnte von niemandem besiegt werden. Siegfried nahm es, ließ die Klinge in der Sonne blitzen und fand, dass Balmung sehr gut zu ihm passe. Also stieg er von seinem Pferd und teilte den Nibelungenschatz gerecht unter den Brüdern auf.

Doch die beiden Riesen waren einfältig und mit Siegfrieds Aufteilung nicht einverstanden. „Du hast meinem Bruder mehr gegeben als mir!“, schrien sie beide und wollten in ihrer Wut auf Siegfried losgehen und ihn töten. Doch sie hatten vergessen, dass sie Siegfried das unbesiegbare Schwert geschenkt hatten. Es dauerte nur wenige Minuten und Siegfried hatte die beiden Riesen besiegt.

Da trat plötzlich der Zwergenkönig Alberich aus dem Dickicht hervor. Er hatte sich zuvor unter seinem Tarnmantel, der ihn unsichtbar machte, verborgen. „Ich allein bin der Hüter des Schatzes! Du darfst ihn dir nicht einfach nehmen!“

Als Siegfried den kleinen Mann sah, der sich so wichtigmachte, lachte er aus vollem Halse. Mit einem geschickten Schwung seines Schwertes raubte er dem Zwerg den wertvollen Tarnmantel. Dann setzte er ihm das Schwert Balmung auf die Brust: „Du kleiner Wicht! Von jetzt ab wirst du mir dienen, denn merke dir: Ich, Siegfried, bin jetzt der Eigentümer des Nibelungenschatzes!“

Zwerg Alberich zitterte vor Angst so sehr, dass er kaum antworten konnte. „Ihr könnt euch auf mich verlassen!“, stammelte er unterwürfig. Mit Hilfe Alberichs versteckte Siegfried den Nibelungenschatz so gut, dass keiner ihn finden konnte. Dann ritt er mit seinem Schwert Balmung an der Seite neuen Abenteuern entgegen.

Als er eines Tages in einem Wirtshaus Rast machte, hörte er die Leute von der „armen, aber so wunderschönen Königstochter Kriemhild“ reden. Ein Bild machte die Runde und jeder Mann, der es ansah, seufzte verzückt auf. Auch Siegfried sah sich das Bild der schönen Kriemhild an, und wie ein Blitz traf ihn die Liebe. „Ich will Kriemhild zu meiner Frau machen! Wo finde ich sie?“, fragte er die anderen Männer.

Die schauten Siegfried mitleidig an: „Ja, es stimmt, Kriemhild ist wunderschön. Aber sie wurde von einem Drachen geraubt und auf den Drachenfels gebracht. Er bewacht sie Tag und Nacht! Niemand kann zu ihr!“

Das kam Siegfried gerade recht. Er ließ sich den Weg beschreiben und ritt sogleich los. Der Drachenfels war ein großer Berg. In seinem Inneren lag eine riesige Höhle, in der der Drache die schöne Kriemhild gefangen hielt. Schnell hatte Siegfried das Eingangstor gefunden, doch ihm fehlte der Schlüssel. Als er sich noch fragte, wie es nun weitergehen sollte, stand plötzlich der Riese Kuperan hinter ihm.

„Du Winzling! Du wirst nie in den Drachenfels hineingelangen, denn den Schlüssel dazu bewahre ich auf. Erst müsstest du mich besiegen, hahaha!", lachte Kuperan und hielt sich den Bauch.

Siegfried wurde vor Zorn ganz rot, denn Spott konnte er nicht ertragen. Wie ein Wilder ging er mit dem Schwert Balmung auf den verblüfften Riesen los. Dabei bewegte er sich so schnell, dass Kuperan ihm mit den Augen nicht folgen konnte. Rasch trieb Siegfried den Riesen in die Enge.

Ganz erschöpft und wirr im Kopf gab der Riese schließlich nach: „Höre auf, vor meinen Augen mit diesem schrecklichen Schwert herumzufuchteln! Mir ist schon schwindlig. Geh und fall mir nicht länger auf die Nerven. Dann geb ich dir den Schlüssel!", sagte der Riese.

Siegfried nickte zufrieden. Kuperan hielt Wort und reichte ihm den Schlüssel.

Als Siegfried die riesige Höhle betrat, hörte er sogleich das Schluchzen einer Frau. Sie saß ganz hinten auf einem Stein. Ihr goldenes Haar fiel bis auf die Hüften herab. Nicht weit entfernt lag ein gewaltiger Drache, aus dessen Nasenlöchern Rauch aufstieg.

Siegfried schlich heran und flüsterte der erstaunten Schönen zu: „Ich bin der tapfere Siegfried. Wenn ich dich befreie, wirst du mich dann heiraten?"

„Liebend gerne", flüsterte Kriemhild zurück, denn Siegfried gefiel ihr gut. Außerdem wollte sie dem Drachen endlich entfliehen. „Aber sei vorsichtig, denn der Drache … oje!" Der Drache war erwacht und stieß plötzlich einen Feuerschwall aus.

„Ha, nun wirst du also endlich wach, du hässliches Ungetüm!", rief Siegfried. Er sprang auf und hielt sein Schwert Balmung in der einen Hand, mit der anderen zog er den Tarnmantel hervor und warf ihn über sich.

Jetzt war er unsichtbar! Der Drache schaute sich mit blinzelnden Augen um und spuckte zur Sicherheit noch mehr Feuer.

Doch der unsichtbare Siegfried traf ihn mit einem gezielten Schwerthieb am Nacken. Da wurde der Drache wütend und schlug wild um sich. Aus beiden Nüstern kam Feuer und Rauch zugleich. Kriemhild verbarg sich ängstlich in der hintersten Ecke der Höhle.

Immer wieder lief Siegfried um den Drachen herum und versetzte ihm Schlag um Schlag. Der Drache konnte sich nicht richtig wehren – er konnte Siegfried einfach nicht sehen!

Ruß und Rauch füllten die Höhle, als Siegfried dem Drachen den tödlichen Stich ins Herz versetzte. Das Untier röchelte noch ein letztes Mal. Dann fiel es in sich zusammen und sein Blut breitete sich auf dem Boden aus.

Schon wollte Kriemhild voller Freude zu ihrem Retter eilen, doch der rief: „Bleib noch zurück, Liebste. Erst will ich mich im Blut des Drachen baden."

Siegfried hatte nämlich bemerkt, dass an den Stellen, an denen er mit dem Drachenblut in Berührung gekommen war, eine harte Schicht über seine Haut wuchs. „Wenn ich in dem Blut bade, werde in unverwundbar. Dann kann mich keiner mehr besiegen", dachte er und rekelte sich im Drachenblut. Sein ganzer Körper überzog sich nun mit der harten, undurchdringlichen Hautschicht. Nur eine Stelle übersah der Held: Zwischen seinen Schulterblättern klebte ein Lindenblatt, dort gelangte kein Drachenblut an seine Haut. Dies blieb die einzige verwundbare Stelle an seinem ganzen Körper.

Nach seinem Bad im Drachenblut lief Siegfried zu Kriemhild und nahm sie in die Arme. Schnell brachte er sie nach Hause, zum Hof der Burgunder am Rhein, und sie feierten eine prächtige Hochzeit.

Erst Jahre später wurde Siegfried, der Drachentöter, von einem Verräter genau an jener verwundbaren Stelle durch einen Speerstoß getötet. Doch das ist eine andere Geschichte …

Till Eulenspiegel

Till Eulenspiegel kam im sächsischen Dorf Kneitlingen zur Welt. Schon als Baby war er ein Spaßvogel und schnitt so lange Grimassen, bis die Leute zu lachen begannen. Dann lachte der kleine Till auch, und zwar so laut, dass die Leute noch mehr lachen mussten.

Als Till größer wurde, spielte er den Menschen gerne Streiche, über die er selbst am meisten lachte – die Leute, die er an der Nase herumgeführt hatte, fanden sie meistens nicht so lustig.

Eines Tages spannte Till zwischen zwei hohen Häusern ein Seil und tat so, als wolle er darüberlaufen. Die Menschen kamen zusammen, deuteten nach oben und schrien: „Seht nur den Till Eulenspiegel! Jetzt will er uns auf dem Seil ein Kunststück vorführen!"

Till Eulenspiegel stellte sich vor die erwartungsvolle Menge, stemmte die Hände in die Seiten und rief: „Ja, ich werde über dieses Seil gehen. Aber das ist noch gar nichts! Ich will euch ein noch größeres Kunststück zeigen. Dafür muss mir jeder seinen linken Schuh geben!"

Alle waren neugierig und wollten das Kunststück sehen, also gaben sie Till ihre Schuhe. Weit mehr als hundert Schuhe sammelte Till Eulenspiegel ein und zog sie wie Perlen an einer Schnur auf. Dann stieg er auf das Seil, hielt die Schuhe in der Hand und ging ein paar Meter weit.

Die Menschen schauten ihm mit offenem Mund zu. Doch als Till sich immer weiter entfernte, ohne etwas mit den Schuhen zu vollführen, wurden viele misstrauisch und hätten ihre Schuhe gerne wiedergehabt.

„So, ihr wollt also eure Schuhe wieder?", fragte Till Eulenspiegel listig.

„Ja", schrie die Menge, „gib sie uns wieder!"

„Da, ihr könnt sie wiederhaben – ich will sie nicht mehr!" Damit riss er die Schnur, an der sie hingen, entzwei und alle hundert Schuhe purzelten durcheinander auf den Boden.

Die Menschen stürzten sich auf den Haufen und es begann ein Raufen und Zerren um die Schuhe. „Der gehört mir!", „Nein, das ist meiner!", schimpften

die Leute und rissen sich gegenseitig die Schuhe aus der Hand.

Till Eulenspiegel aber saß auf seinem Seil und sah vergnügt zu. Er war hoch zufrieden, denn er hatte alle an der Nase herumgeführt.

Viele Jahre zog Till Eulenspiegel durch das Land. An jedem Ort, an dem er auftauchte, spielte er den Narren und führte dabei die Menschen in die Irre.

Einmal kam er nach Braunschweig, wo er sich ein Zimmer in einer Herberge nahe einer Bäckerei nahm. Da stiegen ihm in der Nacht, als der Bäcker seine Brote buk, so herrliche Gerüche in die Nase, dass er unbedingt als Bäcker arbeiten wollte.

Am nächsten Tag sprach er bei dem Bäcker vor und bat ihn um Arbeit. Der Bäcker hatte noch nie von Till Eulenspiegel gehört und war deshalb nicht misstrauisch. „Du bist also ein Bäckergeselle? Na, das trifft sich gut. Ich könnte einen tüchtigen Gesellen brauchen. Willst du bei mir arbeiten?“

Voller Freude sagte Till Eulenspiegel zu.

Zu Anfang lief alles ganz gut und Till arbeitete so fleißig, dass der Bäcker sich heimlich die Hände rieb, weil er so einen guten Fang gemacht hatte.

Nach einigen Tagen ließ der Bäcker Till Eulenspiegel zu sich kommen und sagte: „Ich muss eine kurze Reise antreten. Kannst du heute Nacht für mich backen?“

Till Eulenspiegel stellte sich dumm: „Ja, was soll ich denn backen?“

Der Bäcker war kein geduldiger Mann. Ärgerlich fuhr er ihn an: „Bist du ein Bäckergeselle oder nicht? Musst du erst fragen, was du backen sollst? Das darf doch wohl nicht wahr sein! Was wirst du schon backen müssen! Eulen und Meerkatzen wahrscheinlich!“

Das hätte er besser nicht sagen sollen, denn Till Eulenspiegel grinste breit und verneigte sich. Als der Bäcker weg war, band Till sich die Schürze um und eilte in die Backstube. Die ganze Nacht buk er Brote und formte sie allesamt so, dass sie aussahen wie Eulen und Meerkatzen.

„Das hast du nun davon, du kluger Bäcker“, dachte Till Eulenspiegel schadenfroh und freute sich schon auf das Gesicht seines Dienstherrn.

Als der Bäcker am Morgen in die Backstube kam, kippte er fast aus den Pantoffeln. Überall sah er nur Eulen und Meerkatzen, fein säuberlich in Teig gebacken und wohlriechend!

„Du Narr! Wo sind die Brotlaibe, die Wecken und Semmeln? Was soll ich denn meinen Kunden verkaufen?“, schrie der Bäcker wütend.

Till Eulenspiegel besah sich ungerührt die Fingernägel und antwortete: „Du selbst hast mir befohlen, Eulen und Meerkatzen zu backen. Jetzt hast du sie und bist doch nicht zufrieden. Du weißt einfach nicht, was du willst, Bäcker!“

Da platzte dem Bäcker vor Wut fast der Kragen. Doch er hatte es gesagt, daran war nicht zu rütteln.

„Was soll ich denn nun mit den ganzen Narren-Broten machen? Die kauft doch keiner!“, schimpfte er und ergriff in jähem Zorn Till Eulenspiegel beim Hals: „Du musst mir den Teig bezahlen, den du dafür verschwendet hast, du Narr!“

Till Eulenspiegel blieb ganz ruhig. „Wenn ich dir den Teig bezahle, dann will ich meine Eulen und Meerkatzen aber auch mitnehmen“, antwortete er und blickte dem Bäcker treuherzig in die Augen.

Der Bäcker brummte zustimmend und Till Eulenspiegel bezahlte den geforderten Preis. Bei sich dachte er jedoch: „Es heißt, dass man in Braunschweig alles zu Geld machen kann. Das will ich doch mal ausprobieren!“

Mit einem Korb voller gebackener Eulen und Meerkatzen stellte er sich vor die Kirche. Es war der Vorabend des Nikolaustages, die Messe war soeben vorüber und die Menschen strömten aus der Kirche.

„Schöne Eulen! Knusprige Meerkatzen! Kommt her, ihr guten Leute! Solch schönes Backwerk passt zum Nikolaustag! Kauft Eulen und Meerkatzen!“, rief er, so laut er konnte.

Die Menschen waren neugierig und drängten sich um Till Eulenspiegel und seinen Korb. „Das ist aber ein hübsches Brot! Da nehme ich mir gerne eins mit“, sagten die Frauen.

Im Nu hatte Till Eulenspiegel seine Eulen und Meerkatzen verkauft und dabei viel mehr verdient, als er dem Bäcker für den Teig gezahlt hatte.

Als der Bäcker erfuhr, dass Till so viel Geld mit den Eulen und Meerkatzen verdient hatte, ärgerte er sich schrecklich. Er wollte Till Eulenspiegel suchen und von ihm noch mehr Geld für den Teig verlangen. Doch als er in Tills Herberge ankam, war niemand mehr anzutreffen. Till Eulenspiegel schritt schon längst fröhlich pfeifend seinem nächsten Streich entgegen. Dabei verspeiste er genüsslich seine letzte selbst gebackene Eule.

Perseus und das Haupt der Medusa

Akrisios, der König von Argos, hatte eine wunderschöne Tochter. Ihr Name war Danae. Akrisios wollte nicht, dass seine Tochter jemals heiratete, denn er fürchtete, sie könne einen Sohn bekommen, der selbst König werden wollte. „Das muss ich um jeden Preis verhindern", sagte sich Akrisios und sperrte seine Tochter in einem Zimmer, gut verborgen hinter den Mauern des Schlosses, ein. „Da wird kein Mann sie jemals finden", dachte sich der König zufrieden.

Doch der Göttervater Zeus hatte Danae vom Götterhimmel aus längst entdeckt und war von der Schönheit der Prinzessin hingerissen! Da sie eingesperrt war, verwandelte sich Zeus in einen goldenen Regen und drang durch die Fugen in den Mauern in das Zimmer der schönen Danae ein.

Nach neun Monaten bekam Danae einen starken und schönen Sohn, dessen Vater Zeus war. Sie nannte ihn Perseus. Als König Akrisios davon erfuhr, überlegte er, wie er Danae und Perseus loswerden könne, ohne sie zu ermorden. Denn das wollte er nun doch nicht!

„Sperre sie doch in eine Kiste und setze sie auf dem Meer aus. Dann hast du sie nicht selbst getötet, aber im Meer können sie nicht überleben", riet ihm einer seiner alten Waffenbrüder.

Dem König gefiel die Idee, und so wurden Danae und Perseus in eine Kiste gesperrt und ins Meer geworfen.

Zeus aber sorgte dafür, dass den beiden kein Unglück geschah, und schließlich strandete die Kiste auf einer kleinen Insel. Dort wuchs Perseus zu einem schönen und stattlichen Mann heran. Der König der Insel, Polydektes, wollte die schöne Danae unbedingt zu seiner Geliebten machen, doch Danae verachtete ihn. Polydektes glaubte, dass er ein leichteres Spiel hätte, wenn er Perseus aus dem Weg schaffen könnte. Daher stellte er ihm eine lebensgefährliche Aufgabe.

Polydektes ließ Perseus zu sich rufen und befahl ihm: „Bringe mir den Kopf der Gorgone Medusa!“

Die drei Gorgonen waren grässliche alte Scheusale, die die Menschen hassten. Ihre Hände waren aus Eisen, ihre Flügel aus Gold, ihre Zähne waren riesig und anstelle von Haaren hatten sie lebendige Schlangen auf dem Kopf. Zwei der Gorgonen waren unsterblich, nur die dritte, mit dem Namen Medusa, musste den Tod fürchten.

„Schön sind wir nicht, aber jeder Mensch, der uns sieht, erstarrt zu Stein! Das ist unsere größte Freude“, zischten sich die Gorgonen oftmals zu.

Perseus wusste das und war verzweifelt. „Wie soll ich das Haupt der Medusa holen, wenn ich doch zu Stein erstarre, sobald ich sie sehe? Wie soll ich hinkommen, ohne hinzuschauen? Ach, ihr Götter, helft mir doch!“

Zeus hörte sein Klagen und schickte die Götter Hermes und Athene zu ihm. „Helft meinem Sohn, er soll seine Aufgabe erfüllen“, befahl er.

Hermes erschien, als Perseus hinter den Schlossmauern saß und trübsinnig über sein Schicksal nachdachte. Als er Hermes erblickte, sprang er erfreut auf.

„Perseus, um das Haupt der Gorgone Medusa zu holen, müssen dir die Nymphen helfen. Du brauchst drei Dinge von ihnen: eine Tarnkappe, eine Zaubertasche und Flügelschuhe. Geh rasch und erfülle deine Aufgabe, denn es wartet noch eine weitere auf dich!", sagte Hermes und verschwand wieder.

Perseus zögerte nicht lange. Er verabschiedete sich von seiner weinenden Mutter und machte sich auf den Weg zu den Nymphen. Als er ihnen erzählte, weswegen er gekommen war und was er benötigte, überließen ihm die Nymphen gerne die Zaubergegenstände. Noch wusste Perseus nicht, wofür er diese brauchen würde, aber er nutzte die Flügelschuhe, mit denen er fliegen konnte, sogleich, um zu den Gorgonen zu eilen, die weit im Westen nahe dem Ozean lebten.

Als er dort ankam, schliefen die Scheusale. Perseus kratzte sich am Kopf, denn er wusste nicht weiter: „Wie kann ich herausfinden, welche die Medusa ist, wenn ich sie doch nicht anschauen darf?"

Da erschien Athene und gab ihm einen Rat: „Gehe auf die Gorgonen zu und schaue dabei zur Seite. Beobachte sie nur im Spiegelbild deines eisernen Schildes!"

Perseus folgte ihrem Rat und der Trick funktionierte! Vorsichtig näherte er sich den Schlafenden. Er schlug das Haupt der Medusa ab und steckte es in seine Zaubertasche. Dann erhob er sich auf seinen Flügelschuhen in die Luft.

Nun erwachten die anderen Gorgonen und sahen, was passiert war. Zornig wollten sie den Mörder der Schwester verfolgen, doch Perseus war unsichtbar: Er hatte die Tarnkappe aufgesetzt.

„Nun aber nichts wie heim!", sagte sich Perseus, doch noch ein weiteres Abenteuer wartete auf ihn.

Auf dem Rückweg hörte er das jämmerliche Schluchzen einer Frau, die an eine Klippe gefesselt war.

„Ich heiße Andromeda und bin die Prinzessin von Äthiopien", erzählte das Mädchen. „Meine Mutter Kassiopeia hat geprahlt, dass sie schöner sei als die Töchter des Meeresgottes Poseidon. Das hat den Gott wütend gemacht und das Unglück kam über uns! Poseidon schickte uns ein alles verschlingendes Ungeheuer und eine Sturmflut, die das ganze Land ins Elend stürzte. Erst wenn mein Vater mich dem Ungeheuer vorwirft, wird Poseidon zufrieden sein und unser Land in Ruhe lassen. Aber ich will noch nicht sterben", klagte Andromeda. Je mehr sie erzählte, desto schöner erschien sie Perseus, und er entschloss sich, das Mädchen zu retten.

Da schlugen plötzlich die Wellen des Meeres hoch und Poseidons Ungeheuer erschien, um Andromeda zu holen. Doch es hatte nicht mit einem fliegenden Feind gerechnet! Perseus stieß mit seinen Flügelschuhen wie ein Adler auf das Ungeheuer herab. Jedes Mal versetzte er ihm einen schlimmen Dolchstoß und flog dann wieder hoch wie ein Vogel. Das Ungeheuer tobte, doch Perseus gab nicht nach. Allmählich hatte das Untier keine Kraft mehr und verschwand im Meer.

„Du hast mich gerettet! Oh Perseus, wie danke ich dir", schluchzte Andromeda voller Glück, als Perseus sie losband. Der Held lachte und freute sich, dass er nicht nur eine Heldentat, sondern sogar zwei vollbracht hatte.

Er heiratete Andromeda und war sehr glücklich. Doch eine Rechnung hatte er noch zu begleichen. „Ich muss zu Polydektes und meine Mutter vor ihm retten", sagte Perseus zu seiner Frau und machte sich auf den Weg.

Als er in seiner Heimat ankam, lief ihm der wutentbrannte Polydektes schon entgegen und rief: „Wo ist das Haupt der Medusa? Du hast es wohl nicht geschafft?"

„Oh doch, Polydektes. Schau es dir nur gut an. Hier ist es", sagte Perseus, holte das Gorgonenhaupt aus der Zaubertasche und hielt es ihm vor die Augen. Ehe Polydektes seine Augen bedecken konnte, erstarrte er zu Stein. So rettete Perseus auch seine Mutter.

Perseus vollbrachte noch viele Heldentaten in seinem Leben. Das Haupt der Gorgone Medusa übergab er der Göttin Athene. Die trug es von da an in der Mitte ihres Brustpanzers, und wer sie erblickte, erstarrte zu Stein.

Wilhelm Tells Meisterschuss

Vor mehr als sechshundert Jahren lebte in der Schweiz nahe dem Vierwaldstätter See ein Mann namens Wilhelm Tell. Er war ein ehrbarer Mann, der sich um seine Familie kümmerte und bei jedem Menschen beliebt war.

In jener Zeit aber herrschte dort das Adelsgeschlecht der Habsburger. Das gefiel den Schweizern gar nicht, und auch Wilhelm Tell sagte oft: „Wenn sie uns nur in Frieden leben lassen würden! Wir sind doch ein freies Volk!" Und viele gaben ihm recht.

Doch die Habsburger waren sehr mächtig. Die Schweizer mussten für sie arbeiten und durften selbst nur ganz wenig behalten. Ganz besonders schlimm gebärdete sich der Landvogt von Altdorf, wo Wilhelm Tell lebte. Er hieß Hermann Gessler und war ein grausamer Mann, den alle fürchteten. Wer von den Bürgern nicht fleißig genug war, wurde ohne Nachsicht bestraft. „Ich werde den Leuten schon zeigen, wer hier der Herr ist", sagte der Vogt zu seinen Soldaten.

Es reichte dem Vogt aber nicht, die Menschen schlecht zu behandeln. Er wollte sie zu gerne auch demütigen und beschämen. Dafür dachte er sich etwas besonders Hinterlistiges aus. Mitten auf dem Marktplatz steckte Gessler einen langen Stock in den Boden und hängte seinen Hut daran. Dann verkündete er: „Jeder, der an diesem Stock vorübergeht, muss seinen Hut ziehen, sich verbeugen und ehrerbietig grüßen. Wenn jemand dies nicht tut, dann ist es so, als hätte er mich nicht gegrüßt. Derjenige wandert sofort in den Kerker", rief Gessler und schaute sich um.

Dann deutete er auf einen alten Mann, der in der Nähe stand. „Du, Alter, komm her und grüße meinen Hut!"

Der alte Mann schaute sich voller Angst um, doch der Vogt blickte ihn so drohend an, dass er auf den Stock zuhumpelte, seine Mütze zog, sich zitternd verbeugte und grüßte. Der Vogt grinste von einem Ohr zum anderen. Nun musste ein jeder vorbeigehen und den Stock grüßen.

Auch Wilhelm Tell war an diesem Tag mit seiner Familie auf dem Marktplatz. Aber als er an der Reihe war, weigerte er sich. „Ich werde das nicht tun! So lasse ich mich nicht demütigen! Ich bin ein freier Schweizer“, sprach Tell hoch erhobenen Hauptes zum Vogt.

Der lief vor Zorn puterrot an und sah aus, als wolle er platzen. „Erfülle meinen Befehl! Sofort!“, schrie er.

Doch Wilhelm Tell besah sich seine Fingernägel, pfiff ein Liedchen und sagte ruhig: „Nein!“

Das war zu viel. Der Vogt rief seine Soldaten herbei, die Wilhelm Tell ergriffen und fesselten. „Das sollst du mir büßen. Bringt mir seinen Sohn!“, befahl der Vogt.

Erschrocken sah Wilhelm Tell, wie die Soldaten seinen achtjährigen Sohn herbeizerrten.

Der Vogt wandte sich an Wilhelm Tell und trat ganz nahe an ihn heran, sodass seine Nase fast die Tells berührte: „Wollen mal sehen, ob du gleich noch über mich lachst. Ich höre, du bist ein guter Schütze? Du musst nichts weiter tun, als einen Apfel mit einem Schuss vom Kopf deines Sohnes zu schießen. Triffst du den Apfel, seid ihr beide frei. Triffst du ihn nicht ... tja, schade um deinen Sohn. Und um dich, denn du wirst dann sterben!“

Die Menschen, die das Spektakel beobachteten, erstarrten. Wie sollte Wilhelm Tell auf seinen eigenen Sohn schießen? Welch ein grausames Spiel trieb der Vogt mit Tell?

Wilhelm Tell war bleich wie ein Laken geworden. Er sah auf seinen Sohn, der vor Angst zitterte, aber sagte: „Tu es, lieber Vater! Ich bin sicher, dass du den Apfel treffen und uns beide retten wirst!“

Schnell wurden Apfel, Pfeil und Armbrust herbeigeholt. Der Vogt selbst legte den Apfel behutsam auf den Kopf des Buben. Wilhelm Tell ergriff die Armbrust und zwei Pfeile. Noch einmal blickte er seinem geliebten Sohn tief in die Augen. Auf dem Marktplatz war es totenstill geworden. Dann legte er an und schoss!

Wie in Zeitlupe sahen die Zuschauer den Pfeil auf den Knaben zufliegen. Doch Tell hatte gut gezielt! Der Apfel zerplatzte unter der Wucht des Pfeils in tausend Stücke, ohne dass dem Jungen auch nur ein Haar gekrümmt wurde.

Glücklich fielen sich Wilhelm Tell und sein Sohn in die Arme. Die Bürger schrien vor Freude. Nur der Vogt brodelte vor Zorn. Doch er beherrschte sich.

„Ein Meisterschuss, Tell! Meinen Glückwunsch! Doch, sag mir, warum hast du zwei Pfeile genommen?", fragte er den Schützen. Der wollte zunächst nicht antworten, doch der Vogt sagte heuchlerisch: „Fürchte dich nicht. Ich habe dir und deinem Sohn die Freiheit versprochen und meine Versprechen halte ich!"

Da fasste sich Wilhelm Tell ein Herz, schaute dem Vogt geradewegs in die Augen und sprach: „Hätte ich mit dem ersten Pfeil meinen Sohn getötet, so hätte ich mit dem zweiten dich erschossen!"

Der Vogt schrie vor Wut auf und ließ Wilhelm Tell sofort von seinen Soldaten ergreifen. Sein Versprechen interessierte ihn nicht mehr. Wilhelm Tell, der Meisterschütze, den die Schweizer nun noch mehr bewunderten, sollte sein Gefangener sein.

Mit einem Schiff wollte er Tell über den Vierwaldstätter See auf die Burg Küssnacht bringen und dort einkerkern lassen. Doch das Schicksal meinte es gut mit Wilhelm Tell. Das Schiff geriet in einen schlimmen Sturm und keiner außer Wilhelm Tell wusste, wie man das Schiff vor dem Untergang bewahren könne.

„Bindet ihn los!", brüllte der Kapitän. Tell sprang sofort ans Ruder und brachte das Schiff heil an Land. Dann nutzte er seine Chance. Er sprang aus dem Schiff auf eine Felsplatte und lief in die Freiheit.

Aber Wilhelm Tell wollte noch mehr. Er wollte Gerechtigkeit. Und so wanderte er zur Burg Küssnacht und wartete in einem Hinterhalt auf den Landvogt Gessler.

Es war auf einem unbefestigten Weg, in der berühmten „Hohlen Gasse", als Wilhelm Tell den Landvogt stellte.

„Nun büßt du für deine Schandtaten", schrie Wilhelm Tell, spannte blitzschnell seine Armbrust, legte einen Pfeil ein und tötete Gessler. Der grausame Mann hatte seine gerechte Strafe erhalten. Wilhelm Tell wird von den Schweizern noch heute als Held verehrt.

Thor holt den Hammer zurück

Der nordische Götterhimmel hieß Asgard. Dort besaß der höchste Gott Odin einen prächtigen Palast, ebenso die schöne Göttin Freya, die Götter Baldur, Heimdall und auch der mächtige Gott Thor, ein Sohn des Odin.

Thor hatte unglaubliche Kräfte. Sein glänzendes langes Haar war leuchtend rot, ebenso wie sein rauschender Bart. Er schützte die Menschen vor dem Bösen und achtete darauf, dass auf der Welt nichts Unrechtes geschah. Wenn die Menschen von Ungeheuern bedroht wurden, griff Thor ein und rettete sie. Doch es waren nicht nur seine ungeheuren Kräfte, die ihm Macht verliehen. Thor besaß eine sehr wertvolle und gefährliche Waffe, seinen Hammer Mjölnir.

Mit Mjölnir hatte es etwas Besonderes auf sich. Er war von den Zwergen Brokkr und Sindri in einem sehr langen und aufwendigen Vorgang geschmiedet worden. Dem Eisen wohnten Zauberkräfte inne, die dem Besitzer des Hammers unüberwindbare Kräfte verliehen. Mit diesem Hammer konnte Thor Blitze schleudern, den Donner rollen lassen, ja, er konnte sogar Tote wiederbeleben. Jedes Mal, wenn Thor Mjölnir warf, traf dieser sein Ziel und kehrte wie ein Bumerang zurück. Mit Mjölnir in der Hand war Thor unbesiegbar und er hütete ihn wie seinen Augapfel. Sogar in der Nacht lag der Hammer stets direkt neben Thor.

Die Götter hatten viele Feinde, darunter auch die Riesen. Doch solange Thor den Hammer Mjölnir besaß, hatten sie keine Chance, gegen die Götter zu kämpfen oder gar sie zu besiegen.

„Wir müssen Thor unbedingt Mjölnir entreißen, natürlich ohne dass er es merkt", beschloss Thrym, der König der Riesen. Er schickte seine schlauesten Gefährten los, damit sie den Hammer stahlen. Natürlich konnten diese nicht einfach zu Thor spazieren und ihm den Hammer aus der Hand reißen, denn das hätte ihren Tod bedeutet. Also gingen sie geschickter vor.

Aus der Ferne beobachteten sie Thors Palast und warteten ab, bis der Gott eines seiner rauschenden Feste gab. Der Met, der bei diesem Fest getrunken wurde, war besonders stark. Dafür hatten die Riesen in aller Heimlichkeit gesorgt.

Als Thor seine üblichen Humpen Met getrunken hatte, fiel er vollkommen berauscht auf seine Schlafstätte nieder und begann, laut zu schnarchen. Der Hammer lag wie üblich neben ihm.

Leise, ganz leise schlichen sich die Riesen an den ebenfalls betrunkenen Wachen vorbei bis in Thors Kammer und nahmen Mjölnir mit großer Vorsicht an sich. Thor schlief so tief, dass er den Raub nicht bemerkte. Schnell wie der Wind verließen die Riesen Asgard und kehrten zurück nach Riesenheim.

„Hier legen wir dir Mjölnir zu Füßen, geliebter Herrscher. Mögest du damit die eingebildeten Götter für deren Hochmut strafen!", sagten die beiden Diebe zu ihrem König.

Thryms Augen glänzten, als er den Hammer ergriff, der sich wunderbar schwer in seiner Riesenhand anfühlte. Denn auch diese Eigenschaft hatte Mjölnir: Er konnte die Größe verändern und passte sich der jeweiligen Person an, die ihn hielt. Im Notfall konnte er sogar so klein werden, dass er in die Handfläche eines Kindes passte.

Thrym wusste, dass der Zorn Thors schrecklich sein würde. Er würde seinen Hammer sofort suchen! Deshalb hatte Thrym seine Riesen einen unendlich langen Stollen in die Erde graben lassen. An dessen Ende verbarg er Mjölnir. Den Stollen ließ er verschließen und den Eingang so mit Felsen verdecken, dass niemand dahinter eine Höhle vermutete. Der Hammer war in Sicherheit, doch Thrym hatte noch einen großen Wunsch und den wollte er sich mithilfe Mjölnirs erfüllen.

„Die Göttin Freya ... sie ist so wunderschön! Ihre goldenen Locken blenden mich und ihr Liebreiz ist unendlich größer als der einer Riesin. Sie allein will ich zur Gemahlin haben ..." Davon träumte Thrym Tag und Nacht.

Als Thor am Tag nach dem Gelage erwachte und nach seinem Hammer greifen wollte, war der Platz neben ihm – leer.

„Mjölnir ist weg!", schrie Thor so laut, dass alle Götter zu ihm geeilt kamen, um nachzuschauen, was passiert sei. Thor war rasend vor Zorn. Ohne Mjölnir fühlte er sich schwach und schutzlos, ohne Mjölnir konnte er die Menschen nicht beschützen und keine Blitze schleudern. Doch wo sollte er anfangen zu suchen?

„Ich hätte da eine Idee“, hörte Thor die Stimme Lokis, des listenreichsten aller Götter. Langsam schlenderte Loki um die versammelten Götter herum und kam zu Thor. Seine Augen schillerten amüsiert, denn es gefiel ihm, wenn die anderen ihn brauchten.

Thor ergriff Lokis Arme und schüttelte ihn leicht. „Wo könnte Mjölnir nur sein, mein Freund?“, fragte er verzweifelt.

„Ich bin sicher, die Riesen haben ihn gestohlen. Denen gehst du damit schon lange auf die Nerven ...“, sagte Loki gelassen. „Die fürchten sich vor dem Hammer ... du hast sie zu oft damit geärgert, Thor!“

„Aber sie dürfen ihn mir doch nicht einfach stehlen! Ich werde mich dafür rächen, ich werde sie vernichten“, brüllte Thor und sein Palast erbebte.

„Aber wie willst du das ohne deinen Hammer machen, lieber Freund“, fragte Loki ruhig und betrachtete dabei interessiert die dicke Zornesader auf Thors Stirn, die gewaltig pochte. „Da musst du dir schon was einfallen lassen, denn die Riesen lassen Mjölnir sicher nicht einfach so herumliegen“, stellte er fest.

Da umarmte Thor seinen Freund und bat ihn flehentlich: „Loki, lieber Loki, du bist doch so schlau. Kannst du nicht herausfinden, wo mein Hammer ist?“

Loki legte seine Stirn in Falten und tat, als dächte er nach. In Wirklichkeit hatte er sich schon längst einen Plan zurechtgelegt.

„Tja, wenn mir die Göttin Freya ihr Federkleid leihen würde, dann könnte ich damit über die Lande fliegen, um deinen Hammer zu suchen", sagte Loki und blickte sich nach der Göttin Freya um, die im Hintergrund stand und dem Geschehen aufgeregt zugehört hatte.

Als sie Lokis Worte hörte, eilte sie schnell zu Thor und ergriff tröstend seine Hand. „Natürlich leihe ich Loki mein Federkleid. Du wirst sehen, er wird deinen Mjölnir schnell wiederfinden und dann kannst du wieder Blitze schleudern und deiner Macht als Gott gerecht werden." Zu ihren Dienerinnen gewandt sagte sie: „Schnell, lauft und holt mein Schwanengewand! Loki braucht es so rasch wie möglich!"

„Oh, ich danke dir, liebe Freya", sagte Thor und umarmte die Göttin.

Schon war das Federkleid herbeigetragen worden und rasch hatte sich Loki damit bekleidet. Nun stand er am Rande von Asgard, spreizte die mächtigen Flügel und stieß sich in die hohen Lüfte ab.

„Viel Glück für dich, Loki, das werde ich dir nie vergessen!", sagte Thor und winkte Loki zum Abschied.

Ohne Umwege flog Loki nach Riesenheim, der Heimat der Riesen. Er war sich völlig sicher, dass Mjölnir hier zu finden sei. Im Sonnenlicht auf einem malerischen Hügel sah er den Riesenfürsten Thrym sitzen, der seine großen Grauhunde mit goldenen Halsbändern schmückte. Wie erstaunt war er, als sich plötzlich Loki im Federkleid eines Schwans vor ihm niedersetzte.

„Was für eine Überraschung! Was machst du denn hier, Loki, und was führst du im Schilde? Denn du bist sicher nicht zufällig nach Riesenheim gekommen!", stellte Thrym ruhig fest.

„Dem Gott Thor, dem großen Donner- und Blitzeschleuderer, wurde sein Hammer Mjölnir geraubt. Nimm es mir nicht übel, aber ich bin völlig sicher, dass du den Hammer gestohlen hast. Ich rate dir, ihn Thor sofort zurückzugeben, denn der Zorn des Donnergotts ist gewaltig und ich weiß nicht, ob Riesenheim diesem Zorn gewachsen sein wird."

Da lachte der Riesenfürst so herzhaft und laut auf, dass sein Gelächter von den Bergen widerhallte.

„Nun soll ich wohl Angst bekommen, was, Loki? Doch mal ehrlich, wie gefährlich ist denn Thor ohne seinen berühmten Hammer Mjölnir? Wohl nicht sehr, denn Mjölnir war ja immer das Werkzeug seiner Macht. Und dieses Werkzeug hat er nun nicht mehr. Ich habe den Hammer acht Tagesreisen tief in der Erde versteckt und keiner wird ihn je finden, wenn ich das Geheimnis seines Verstecks nicht preisgebe", erklärte Thrym ungerührt.

Loki erkannte, dass das Problem mit dem Hammer nicht so leicht zu lösen wäre. Doch Loki war klug und hatte viel Erfahrung mit Göttern, Riesen, Zwergen und Menschen. Und so wusste er genau, dass alles seinen Preis hat, erst recht der Hammer Mjölnir, so wertvoll wie er war .

Loki setzte sich neben Thrym und knuffte ihn mit dem Ellenbogen freundschaftlich in die Seite. „Hör mal, Thrym, es gibt doch sicher etwas, dass du unbedingt haben willst und für das du sogar Mjölnir opfern würdest. Was verlangst du, um den Hammer wieder an Thor herauszugeben?", fragte Loki verschwörerisch.

Der Riesenfürst Thrym war nicht allzu klug und vertrauensselig ließ er sich von Loki zum Reden bringen.

„Wie du weißt, bin ich unermesslich reich. Ich habe Tausende goldgehörnte Rinder, Truhen, gefüllt mit Gold und blinkenden Edelsteinen, Mäntel und Gewebe aus Seide, Burgen und Festen und jeden Reichtum, den du dir nur vorstellen kannst. So manche stolze Jungfrau würde sich glücklich schätzen, wenn ich sie zum Weib erwählen würde. Doch meine Wünsche fliegen hoch bis in den Himmel. Ich begehre Freya, die schönste aller Göttinnen zu meinem holden Weib. Erst wenn sie mir ihr Jawort gegeben hat, hole ich Mjölnir aus seinem Versteck und Thor kann ihn wiederhaben. Sollte ich jedoch Freya nicht zur Gemahlin bekommen, bleibt Mjölnir für immer unauffindbar", erklärte Thrym zum Entsetzen Lokis. Ihm war sofort klar, dass Freya in diese Verbindung niemals einwilligen würde.

In seinem Schwanengewand flog Loki schnell zurück nach Asgard.

Als Loki Thor und Freya von der Brautwerbung des Riesenfürsten erzählte, schrie Freya zornentbrannt und entsetzt auf!

„Nie werde ich das Weib dieses widerlichen Riesen! Mjölnir hin oder her!"

Mit donnernder Stimme wütete auch Thor: „Was für eine Frechheit von diesem schändlichen Riesen! Er wagt es tatsächlich, die Hand nach Freya,

Asgards Göttin der Schönheit und Liebe, auszustrecken! Oh, ich schwöre euch, sollte ich Mjölnir je wieder in Händen halten, werde ich Riesenheim für diese feige Frechheit strafen! Wir werden sie mit dem Schwert im heißen Kampf endgültig und für immer besiegen!" Auch die anderen Götter bekräftigten ihn in seinem Zorn. Allein Loki blieb still und dachte nach.

„Loki, du schweigst so stille. Du schmiedest doch wieder einen Plan, habe ich recht?", sagte Thor, als er bemerkte, dass Loki nicht in das allgemeine Kriegsgeschrei eingestimmt hatte.

„Ich habe soeben mit dem Gott Heimdall gesprochen und er hat einen besseren Plan ersonnen. Denn selbst wenn wir Riesenheim dem Erdboden gleichmachen, wissen wir noch lange nicht, wo Mjölnir versteckt ist. Das bringt uns also nicht zum Ziel. Hier ist eine List angebracht und Heimdall hat sich schon etwas ausgedacht. Sprich, Heimdall ..."

Heimdall, der Wächter der Götter, hielt sich sonst eher im Hintergrund, doch nun trat er vor: „Loki hat völlig recht. Mit Waffengewalt werden wir nichts ausrichten. Ich habe eine bessere Idee. Freya sollte zum Schein auf

die Brautwerbung eingehen", sagte Heimdall ruhig, während es in Asgard still wurde. Alle warteten gespannt darauf, dass er weitersprach.

Allein Freya begehrte auf und schrie: „Niemals werde ich die Gattin eines Riesen!" Doch Heimdall schüttelte lächelnd den Kopf: „Das sollst du natürlich auch nicht, liebste Freya. Nein, wir werden Thor als Braut verkleiden und nach Riesenheim bringen, sodass Thrym glaubt, Freya würde seine Gemahlin werden. Loki könnte ihn als verkleidete Magd begleiten. Nur so können wir Mjölnir zurückholen. Denn schaffen wir das nicht, werden die Riesen bald vor unseren Toren stehen."

Thor missfiel dieser Vorschlag zunächst zutiefst. Er sollte sich als Frau verkleiden? Das war einfach zu peinlich. Doch Loki sprach ihm Mut zu und erklärte ihm, dass dies doch ein lustiges Abenteuer sei und außerdem die einzige Chance, Mjölnir wiederzuerlangen.

Schließlich musste Thor selbst lachen. Er rief die Göttinnen herbei, damit sie ihm den Brautschmuck anlegten und den Brautschleier über ihm ausbreiteten. Loki verkleidete sich als seine Magd. Schnell war der Wagen mit der riesenhaften Braut und deren ebenso auffällig kräftigen Dienerin auf rasanter Fahrt in Richtung Riesenheim unterwegs.

Dort herrschte bereits große Freude darüber, dass der Riesenfürst Thrym mit der schönen Göttin Freya Hochzeit halten würde. Riesenheim schmückte sich und das Volk der Riesen zollte seinem Fürsten und dessen Hochzeit mit schönen Gewändern, Blumen und blinkenden Helmen und Panzern Respekt. Zwar hatte der Riesenfürst Thrym seine „Braut Freya" noch nicht ohne Schleier gesehen, denn so war es Sitte bei den Riesen. Er wunderte sich nur über ihre kräftige Gestalt, doch das gefiel ihm, denn schließlich war auch er sehr groß.

Die Gesellschaft setzte sich zu einem herrlichen Festmahl nieder. Die holde Braut verzehrte einen ganzen Ochsen, acht Lachse und das gesamte süße Gebäck, das für die Frauen bestimmt war. Dazu trank sie drei kleine Fässer Met.

Thrym staunte sehr über den Appetit seiner Braut, doch der verkleidete Loki beruhigte den Fürsten: „Seit acht Tagen und acht Nächten hat meine hohe Herrin nichts mehr gegessen, aus Freude vor der Hochzeit in Riesenheim!"

Thrym hörte diese Worte natürlich gerne und fühlte sich sehr geschmeichelt. Er rückte nahe an seine Braut heran und hob aus Neugier den Schleier ein bisschen an, der ihr Gesicht verbarg. Zu gern wollte er ihr schönes Gesicht sehen. Doch als er in ihre Augen blickte, trafen ihn so flammende Zornesblitze, dass er rückwärts vom Hochzeitsstuhl herunterfiel.

Doch auch dies missfiel ihm nicht. „Noch nie sah ich in den Augen einer Jungfrau solch ein leidenschaftliches Feuer lodern!“, dachte er sich voll Vorfreude auf die Hochzeitsnacht.

„Meine stolze Gebieterin konnte schon seit Nächten nicht mehr vor Sehnsucht schlafen, zu dir zu kommen. Deswegen ist ihr Blick so glutvoll“, säuselte Loki als Magd geistesgegenwärtig.

Nun fühlte sich Thrym noch stolzer, als er ohnehin schon war. Er stand auf und sprach zu seinem Volk: „Die stolzen Götter Asgards haben mir ihre holdeste Jungfrau gesandt: Freya, die schönste aller Frauen! Nun bringt den Hammer des großen Thor herbei, damit unser Bund auch besiegelt werde.“

Thors Herz unter all der Verkleidung schlug wie wild. Gleich würde er Mjölnir wieder in Händen halten … Die Türen der Halle öffneten sich und ein Diener erschien mit Mjölnir, den Thrym in den Schoß seiner vermeintlichen Braut legte.

Nun war es endlich so weit! Thor ergriff den Stiel Mjölnirs, riss den Schleier von sich und versetzte Thrym einen solchen Schlag, dass er wortlos zu Boden stürzte.

Dann warf auch Loki die Frauenkleider ab und stürzte sich in das Kampfesgetümmel. Die Schlacht dauerte lang, denn die Riesen wehrten sich mit aller Kraft. Doch gegen Thor, der wieder und wieder Mjölnir gegen seine Feinde schleuderte, konnten sie nicht siegen. In diesem erbitterten Kampf tötete Thor alle Riesen. Mit Mjölnir fest in seiner Hand kehrte der Donnergott als Sieger zurück nach Asgard. Nie wieder sollte ihm sein Hammer entrissen werden.

Robin Hood, König der Diebe

Robin Hood wurde vor vielen Hundert Jahren im englischen Nottingham als Sohn einer wohlhabenden Familie geboren. Als er ein junger Mann war, verließ er seine Heimat und schloss sich König Richard, den man auch Richard Löwenherz nannte, auf einem seiner Kreuzzüge an.

Während der langen Jahre jedoch, in denen König Richard im Ausland weilte, wurde England von Edward, dem geldgierigen Bruder des Königs, regiert. Dieser unterdrückte das Volk und erhob immer neue Steuern. Wenn jemand sich beklagte, sagte er: „Ich bin schließlich der König und kann machen, was mir gefällt."

Auch vor Robin Hoods Familie machte der grausame König nicht halt. Aus einem erlogenen Grund nahm er ihnen alles: Geld, Haus und Grund. Die Eltern ertrugen das Unglück nicht und starben, noch ehe sie ihren geliebten Sohn wiedersahen.

Als Robin Hood zusammen mit seinem Freund Little John, den er auf dem Heimweg kennengelernt hatte, vom Kreuzzug zurückkehrte, war er entsetzt: Von seinem Elternhaus standen nur noch Ruinen. Er eilte zum Sheriff von Nottingham, doch der war dem räuberischen König Edward treu ergeben und sagte bloß: „Sir Robin, du hast nun keinen Adelstitel mehr und auch kein Eigentum. Es ist das Beste, du verschwindest aus der Gegend!" Dann wandte er sich wieder seiner Lieblingsbeschäftigung zu: dem Geldzählen.

Robin Hood war außer sich. Als er durch die Straßen der Stadt lief, sah er, welches Elend im Land herrschte.

„König Edward presst den letzten Cent aus uns heraus. Er fordert immer mehr Steuern! Wir wissen nicht, wo wir das Geld hernehmen sollen. Wir hungern!“, jammerten seine früheren Nachbarn und Freunde. Wohin Robin und sein Freund Little John auch schauten: Überall herrschte Hunger, Leid und Unglück.

„Das hat alles dieser König Edward verschuldet!“, schimpfte Robin Hood.

Er schritt zur Kirche, um dort nach dem Rechten zu sehen. Der dicke Bruder Tuck fegte gerade den Kirchenboden. „Was ist hier los, Bruder Tuck?“, fragte Robin.

„Ihr seht es doch! König Edward und der Sheriff von Nottingham richten uns mit ihrer Habgier zugrunde. Keiner hat mehr zu essen. Und keiner hat den Mut, etwas zu unternehmen“, brach es plötzlich aus dem sonst so gemütlichen Bruder Tuck heraus.

Robin Hoods Miene hatte sich immer mehr verfinstert. „Richard Löwenherz ist weit weg. Wir müssen uns selbst Gerechtigkeit verschaffen. Ich will den Kampf gegen diese Aasgeier aufnehmen. Little John, bist du dabei? Und du, Bruder Tuck, du scheinst Mut und vor allem auch kräftige Muskeln zu haben“, sagte Robin Hood.

Da warf Bruder Tuck den Besen in die Ecke, krempelte seine Ärmel hoch und rief: „Auf in den Kampf gegen den Sheriff von Nottingham und den grausamen König Edward!“

Bald fanden sich noch andere mutige Männer, die sich Robin und seinen Freunden anschlossen. Sie errichteten mitten im Wald von Sherwood ein gut verstecktes Lager. Von dort aus wollten sie zuschlagen.

„Einmal im Monat fährt der Sheriff die ganzen Steuereinnahmen zum König. Die wollen wir uns holen und an die Armen verteilen“, erklärte Robin.

Bald war der Tag gekommen, an dem der Sheriff in Begleitung mehrerer Wachen die Steuereinnahmen zum König bringen wollte. Robin und seine Freunde versteckten sich in den Wipfeln der Bäume und warteten. Als die Kutsche unter ihnen durchfuhr, schlugen sie zu. Robin, der ein ausgezeichneter Bogenschütze war, setzte den Kutscher außer Gefecht. Die anderen Wachen flohen so schnell sie konnten vor den vermeintlichen Räubern.

Der feige Sheriff von Nottingham kroch auf allen vieren durch das Unterholz davon und hoffte inständig, dass ihn niemand sah.

Aber Robin Hood entdeckte den verhassten Sheriff doch und schrie ihm nach: „Kriech du nur davon, du jämmerliche Kröte! Ich werde dich schon noch erwischen!“

Die Freunde freuten sich über den gelungenen Beutezug und feierten ein großes Fest. Danach ritten Robin Hood, Little John und Bruder Tuck in die Stadt und verteilten das Geld an die Armen. „Oh, welch ein Segen! Endlich können wir wieder etwas essen“, hörte Robin von überallher.

Von nun an überfielen Robin Hood und seine Freunde immer wieder die Reichen und verteilten das Geld und das Gold an die Armen. Bald nannten die Menschen ihn ehrfürchtig den „König der Diebe“.

König Edward und der Sheriff von Nottingham kochten vor Wut. „Wir müssen diesen Kerl einfangen", schrie der König.

„Aber Herr, er ist so geschickt! Und so schnell mit seinem Bogen", winselte der Sheriff.

Da hatte der König einen Einfall. „Wir werden einen Bogenschießwettbewerb veranstalten. Der Beste erhält einen Topf voll Geld und einen Kuss von der schönen Marian. Ich weiß, dass Robin Hood sie liebt! Er wird kommen und dann werden wir ihn – zack – festnehmen!"

So geschah es. Der Bogenschießwettbewerb wurde mit großem Getöse angekündigt und auch Robin Hood erfuhr davon. „Ich kann einfach nicht anders, ich muss da hingehen und Marian sehen", sagte er und schlug die Warnungen seiner Freunde in den Wind. Er verkleidete sich als Bettler und lief zum Bogenschießplatz, auf dem der Wettbewerb ausgetragen wurde.

Die schöne Marian saß unglücklich neben König Edward und dem Sheriff von Nottingham, denn auch sie liebte Robin Hood schon seit vielen Jahren.

Posaunenbläser kündigten den Beginn des Wettbewerbs an und alle Männer versuchten ihr Glück. Drei Schuss durfte jeder abgeben. Viele Männer schossen sehr gut, doch als die Reihe an Robin Hood kam, zeigte sich der wahre Meister.

Er schoss den ersten Pfeil genau in die Mitte der Zielscheibe. Mit dem zweiten Pfeil schoss er den ersten entzwei und mit dem dritten Pfeil schoss er auch noch den zweiten Pfeil in zwei Teile. Ein Meisterschuss!

„Das muss Robin Hood sein! Nehmt ihn gefangen!", schrie der Sheriff von Nottingham. Doch Robin Hood war schon in der Menge untergetaucht.

Seine Freunde stifteten überall Verwirrung und die Männer des Sheriffs konnten ihn nicht finden.

Hätte Robin Hood nicht so große Sehnsucht nach Marian gehabt, wäre er in Sicherheit gewesen. Doch als er zu ihr schlich und ihr einen Kuss geben wollte, griffen die Wachen zu!

„Wir haben ihn! Wir haben ihn!", schrie der Sheriff von Nottingham.

Marian weinte und schlug die Hände vor das Gesicht. Sie wollte nicht sehen, was nun kommen würde.

„An Ort und Stelle soll er aufgehängt werden, der Schurke", befahl der König und lief händereibend vor seinem Gefangenen auf und ab. „So klug bist du gar nicht, du elender Wicht! Gleich wirst du um Gnade flehen!"

„Das werde ich nicht! Ihr seid ein schlechter und grausamer König. Euer Bruder Richard Löwenherz wäre außer sich, wenn er sehen könnte, wie Ihr das englische Volk zugrunde richtet. Ich spucke auf Euch", sagte Robin Hood verächtlich und spie dem König ins Gesicht.

Der wurde nun bleich vor Wut. „Stellt den Galgen auf und legt ihm die Schlinge um den Hals! Ich will ihn sterben sehen", donnerte der König.

Robin Hood, der an den Händen gefesselt war, ließ sich nichts anmerken. Ruhig blickte er in die Menge. Als er die vertrauten Gesichter von Bruder Tuck und Little John entdeckte, blinzelte er ein bisschen, und sie blinzelten zurück.

„Ha, nun fängt er doch das Weinen an wie ein kleines Kind", spottete der Sheriff und riss den Hocker weg, auf den man Robin Hood gestellt hatte.

Das Seil spannte sich, doch im selben Moment zischte ein Pfeil durch die Luft und zerschnitt das Seil, an dem Robin hing.

Schnell wie der Wind war Robin in der Menge verschwunden. Die Menschen schützten ihn. Mithilfe von Little John, der den Meisterschuss getan hatte, und Bruder Tuck gelangte Robin unbeschadet aus der Stadt heraus. Ehe er den Platz verließ, warf er Marian, die glücklich seine Flucht beobachtete, eine Kusshand zu.

„Ich komme wieder!", rief er.

„Ich werde auf dich warten!", erwiderte sie.

Robin Hood und seine Freunde hielten den Sheriff von Nottingham und König Edward noch lange in Atem. Für die Armen und die Notleidenden wurde er zum Beschützer und Helfer.

Als Richard Löwenherz vom Kreuzzug wiederkehrte, musste sein grausamer Bruder Edward den Thron räumen und für seine Untaten büßen. Von da an kehrte wieder Frieden und Wohlstand in England ein. Robin Hood erhielt sein Land zurück und lebte fortan als geachteter Mann. Den Ehrentitel „König der Diebe" aber behielt er bis zum Tode.

Starke Frauen

Die List der tapferen Weiber von Weinsberg

Die kleine Stadt Weinsberg liegt im Tal des Neckars. Oben über der Stadt thronte früher eine Burg, in der die Bürger Zuflucht nehmen konnten, wenn ein Feind ins Land einbrach.

Im Jahr 1140 hatte König Konrad III. Gefallen an der Burg und der Stadt gefunden und zog mit seinem großen Heer dorthin, um sie zu erobern. Als die Weinsberger dies hörten, bekamen sie Angst und flohen mit all ihrem Hab und Gut hinter die Mauern der Burg. König Konrad schickte Boten voraus und ließ sie in der Stadt verkünden: „Wenn der König in die Stadt einzieht, wird er keinen Krieger am Leben lassen!" Nun fürchteten sich die Weinsberger noch mehr, denn das war ein Todesurteil für alle Männer.

Schließlich kam König Konrad mit seiner großen Streitmacht einmarschiert. Die Stadt fand er gänzlich verlassen vor, denn alle Menschen hatten sich auf die Burg geflüchtet.

„Na gut", sagte der König zu seinem obersten Heerführer, „wenn sie es so wollen, dann werden wir eben die Burg so lange belagern, bis sie nichts mehr zu essen haben und uns vor Hunger die Tore freiwillig öffnen!"

Auf der Burg waren einige Vorräte aufbewahrt und so hielten die Menschen einige Zeit aus. Doch nach zwei Wochen begann ein großes Wehklagen, denn die Weinsberger litten großen Hunger und so berieten sie, was zu tun sei. Da erhob sich eine alte Frau und sagte: „Wir Frauen wollen zum König gehen und um Gnade bitten. Wir haben ihm doch nichts getan!"

Die anderen Frauen waren einverstanden, und so wurde die weiße Fahne der Gnade gehisst und eine Abordnung von drei Frauen trat vor das Burgtor. „Wir wollen den König sprechen", sagte die Älteste.

Da sie von ihnen keine Gefahr befürchteten, ließen die Soldaten die Frauen zum König vor.

„Eure Exzellenz, wir Weiber von Weinsberg, bitten Euer Gnaden um freien Abzug. Wir haben Euch nichts zuleide getan und unsere Kinder auch nicht.

Bitte lasst uns gehen!", bat die älteste Frau. „Wir wollen nur das, was uns am liebsten ist und was wir auf dem Rücken tragen können, mitnehmen!"

König Konrad III. bewunderte die Frauen, die sich unter diesen schwierigen Umständen zu ihm gewagt hatten. „Ich lasse Gnade walten, weil ihr Weiber euch so tapfer gezeigt habt. Ihr dürft mit euren Kindern frei abziehen, und ihr könnt mitnehmen, so viel ihr auf dem Rücken tragen könnt!", sagte der König und entließ die Frauen mit einem Winken seiner Hand. In diesem Augenblick kam er sich sehr gütig und sehr mächtig vor.

Doch wie staunte er und wie groß wurden seine Augen, als sich am Tag darauf das Tor der Burg öffnete und die Weiber von Weinsberg heraustraten. An der Hand hielten sie ihre Kinder. Auf dem Rücken jedoch trugen sie das, was ihnen am wichtigsten war – und das waren ihre eigenen Männer!

Der Befehlshaber des Königs wurde vor Zorn puterrot im Gesicht. Er lief zum König und schrie: „Das ist Betrug! Diese Weiber von Weinsberg schleppen ihre Männer ins Freie! Das dürfen wir nicht gestatten, König!"

Doch König Konrad begann zu lachen. Er lachte immer mehr, bis auch die Generäle und alle Soldaten um ihn herum lachten. Die Tränen liefen dem König die Wangen herab, als er sagte: „Lass sie gehen! Ich habe den Weibern von Weinsberg mein Wort gegeben, dass sie freien Abzug mit ihren Kindern und dem, was sie auf dem Rücken tragen können, erhalten. Genau das haben sie getan. Ich bewundere diese Frauen! Sie haben den Mut von Männern und listig sind sie obendrein!"

Von da an hieß die Burg Weinsberg nur noch die „Burg Weibertreu".

Der Fels der Loreley

Hoch über dem Rhein, auf einem riesigen Felsen, thronte in früheren Zeiten eine prächtige Burg, die im Besitz eines edlen Mannes war. Er hatte eine liebliche Tochter, die Loreley genannt wurde.

Loreley besaß ein freundliches Herz und war über alle Maßen schön. Vor allem ihre goldene Haarpracht war im ganzen Land berühmt. Wenn Loreley ihr Haar löste, fiel es ihr in goldenen Wogen bis zu den Hüften herab. Viele Männer wollten Loreley zur Gemahlin nehmen. Sie jedoch schenkte ihr Herz einem jungen, schönen Ritter, den sie über alles liebte und der schließlich bei ihrem Vater um ihre Hand anhielt.

„Wie viel Glück ich doch habe! Ich freue mich so auf das Leben an der Seite meines Liebsten!", dachte Loreley oft bei sich.

Bald wurde der Tag der Hochzeit festgelegt und die Burg für diesen besonderen Anlass festlich geschmückt.

Am Tag vor der Hochzeit nahm der junge Ritter Loreleys Hand und sprach: „Ich will noch einmal zu meiner Burg den Rhein hinaufreisen, damit dort alles für deinen Empfang bereitet wird. Am Hochzeitstag komme ich mit dem Schiff den Rhein heruntergefahren und dann werden wir auf deines Vaters Burg vermählt", versprach er.

Loreley nickte und gab ihrem Liebsten einen Abschiedskuss.

Der junge Ritter schwang sich auf sein Pferd und jagte davon. In Wirklichkeit jedoch gefiel ihm der Gedanke, bald verheiratet zu sein, gar nicht. Lieber wollte er frei und ungebunden bleiben. Außerdem ging ihm ständig ein anderes holdes Edelfräulein durch den Kopf, das ihm bei einem Turnier schöne Augen gemacht hatte. Zu ihrem Haus lenkte der treulose Ritter nun sein Pferd. An Loreley verschwendete er nur einen flüchtigen Gedanken. „Sie wird schnell einen anderen finden", dachte er mitleidlos und ritt seiner neuen Liebschaft entgegen.

Voller Freude erwartete Loreley am Hochzeitstag die Rückkehr ihres Geliebten. Schon als der Morgen graute, blickte sie vom Turm der Burg hinunter auf den Rhein. Als ein Schiff nahte, rief sie freudig aus: „Das wird mein Liebster sein!“

Groß war ihre Enttäuschung, als sie bemerkte, dass es ein fremdes Schiff war. Gegen Mittag kam ein zweites Schiff den Rhein herabgefahren.

„Das wird mein Liebster sein, ganz sicher!“, rief Loreley hoffnungsvoll aus.

Doch wieder war es nur ein fremdes Schiff, das vorüberfuhr.

Voller Sehnsucht wartete Loreley weiter. „Er wird aufgehalten worden sein“, tröstete sie sich selbst.

Am Abend entdeckte sie ein drittes Schiff, das den Rhein herunterfuhr. Ihr Herz schlug vor Freude schneller.

„Das wird nun mein Liebster sein“, sagte sie und glaubte ganz fest daran.

Wie groß und schmerzhaft war ihre Enttäuschung, als das Schiff ohne anzuhalten vorüberfuhr. Loreley war verzweifelt. Doch noch immer harrte sie auf ihrem Aussichtsplatz hoch über dem Rhein aus. Niemand wagte sich ihr zu nähern, denn sie jagte jeden davon, der sie von ihrem Platz weglocken wollte.

Um Mitternacht kam ein Kahn den Rhein herab, in dem nur ein einziger Mann saß.

Trotzig rief Loreley: „Das aber kann niemand anderes als mein Liebster sein!“

Doch schließlich musste sie sich eingestehen, dass es der Kahn eines armen Fischers war, der in der Nacht seine Netze auswerfen wollte.

Nun begriff das arme Mädchen endlich, dass ihr Liebster sie betrogen hatte und nie mehr kommen würde. Die Verzweiflung raubte Loreley den Verstand. Sie riss sich den Brautkranz aus dem goldenen Haar, kletterte auf das Fenstersims und stürzte sich, den treulosen Ritter verwünschend, in den Rhein hinab. Dort, wo sie in den Fluss fiel, entstand ein reißender, gefährlicher Strudel. Den Felsen, auf dem die Burg stand, nannte man von da an den „Felsen der Loreley".

Ihr Vater starb bald darauf vor Kummer, denn Loreley war ihm das Liebste auf der Welt gewesen. Kurz nach seinem Tod zog ein schreckliches Unwetter herauf und zerstörte die Burg, sodass kein Stein mehr auf dem anderen blieb.

Die schöne Loreley aber wandelt seither als Geist auf dem Felsen. Die Rheinschiffer hören ihren betörenden Gesang und manches Mal kann man das schöne Mädchen auch sehen, wie es auf dem Felsen sitzt und sein langes, goldenes Haar kämmt.

Viele Männer, die auf den Gesang hörten, übersahen den gefährlichen Strudel und gingen darin zugrunde. So rächt sich die verschmähte Loreley noch heute an den Männern, weil der eine, den sie liebte, sie treulos verließ.

Kassandra und der Trojanische Krieg

Die griechischen Götter waren mächtig und sie mischten sich immer wieder gerne in die Angelegenheiten der Menschen ein. So mancher Krieg wurde dadurch ausgelöst und viele Menschen mussten leiden, weil sich die Götter oft auch noch untereinander bekämpften.

So war es auch beim Trojanischen Krieg. Hätten sich die Göttinnen Hera, Athene und Aphrodite nicht darum gestritten, wer wohl die Schönste von ihnen sei, wäre der Trojanische Krieg nicht ausgebrochen. Doch es gab noch einen Grund für diesen entsetzlichen und zehn Jahre andauernden Kampf zwischen Troja und den Griechen. Daran war der mächtige Gott Apollon schuld. Er war zwar der Gott der Heilkunst, doch gegen seine eigenen Gefühle kannte er kein Heilmittel.

Der alte König von Troja hieß Priamos. Er hatte viele Söhne und Töchter, darunter auch die wunderschöne Kassandra. Doch Kassandra war nicht nur schön, sondern auch sehr klug und selbstbewusst. Sie wollte keinen Mann, der sie nur ihrer Schönheit wegen achtete. Schönheit, das wusste sie nur zu genau, verflog mit den Jahren. Sie wollte wegen ihres edlen Wesens und ihrer Klugheit geliebt werden.

In Troja stand einst ein herrlicher Tempel, der dem Gott Apollon geweiht war. Auch Kassandra besuchte diesen Tempel oft, denn sie interessierte sich für die Heilkunst. Oft ging sie in den Tempelgärten spazieren, um nach Heilkräutern zu suchen, die dort in verschwenderischer Vielfalt gezogen wurden.

Eines Tages erblickte Apollon Kassandra und er war geblendet von ihrer Schönheit. Er verliebte sich unsterblich in sie. Diese Frau sollte allein ihm gehören.

Als Apollon mit seiner Zwillingsschwester, der Jagdgöttin Artemis und deren weißer Hirschkuh in den Wäldern rund um den Olymp umherstreifte, erzählte er ihr selbstbewusst von seinem Plan, Kassandra zur Frau zu nehmen. Doch Artemis runzelte zweifelnd die schöne Stirn. Sie kannte den Stolz der Menschenfrauen und wusste, dass vor allem Kassandra nicht leicht zu beeindrucken war. Sie gehorchte keinem Mann nur deswegen, weil er ein Mann war, selbst wenn dieser Mann ein Gott wäre.

„Sei dir nicht so sicher, dass Kassandra sofort in deine Arme fällt. Sie ist sehr stolz! Du musst sie langsam erobern, ihr zeigen, dass du mehr an ihr liebst als ihre schöne Gestalt“, sagte Artemis und streichelte liebevoll ihre weiße Hirschkuh, die sie mit klugen Augen anblickte.

Apollon wollte dies jedoch nicht hören. Er war sich sicher, dass er stets bekommen würde, was er begehrte. Über Artemis' Worte lachte er nur gutmütig. „Wenn Kassandra mich in all meinem Lichte und meiner Macht sieht, wird sie sofort wissen, dass ich ein Gott bin. Sie wird mich lieben und mir gehorchen“, erwiderte Apollon und ging selbstsicher davon.

Artemis sah ihrem Bruder kopfschüttelnd nach. Das konnte nicht gut gehen, dachte sie sich. Sie empfand plötzlich großes Mitleid mit der trojanischen Prinzessin, denn sie sah das Unglück, das kommen würde, voraus.

Um Kassandra von seiner Liebe zu überzeugen, schmiedete Apollon einen Plan. Er wollte ihr bei nächster Gelegenheit in einem abgelegenen Teil der Tempelgärten erscheinen. Niemand sollte in der Nähe sein, Apollon wollte sie ganz für sich. So nahm Kassandras Schicksal wenige Tage später seinen Lauf.

Wieder einmal war sie in die Gärten des Apollon-Tempels gegangen, um Heilkräuter zu finden. Doch wie erstaunt war die trojanische Königstochter, als sich plötzlich die Wolken über ihr teilten und sich aus einem gleißend hellen Sonnenstrahl, der in die Ecke des Gartens fiel, eine große, mächtige Männergestalt formte, die wie von Licht umflossen war. Kassandra wusste sofort, dass dies nur der Gott Apollon sein konnte. Sie fiel auf die Knie und senkte den Kopf zum Zeichen der Demut.

„Erhebe dich, Kassandra“, hörte sie die hallende Stimme des Gottes.

„Bist du der Gott Apollon?“, fragte sie mutig und wagte es, dem Gott in die Augen zu blicken.

Apollon lächelte und sein Lächeln umhüllte sie wie eine wohlig laue Brise. „Ja", sagte er mit sanfter Stimme, „und ich bin gekommen, weil ich dich erwählt habe. Du sollst mich lieben, wie eine Frau einen Mann liebt, denn ich habe mich unsterblich in dich verliebt!"

Kassandra erschrak. Apollon liebte sie? Warum eigentlich? Er kannte sie doch gar nicht. „Warum liebst du ausgerechnet mich, eine einfache Sterbliche?", fragte sie wagemutig.

Apollons Antwort kam schnell. Dieses Mal dröhnte seine Stimme und schien die ganze Welt zu erfüllen. „Reicht es nicht, wenn ich dir sage, dass ich dich begehre und liebe? Ich, Apollon, möchte, dass du meine Frau wirst, denn du bist wunderschön. Als Brautgeschenk verleihe ich dir die Gabe der Prophezeiung und Weissagung. Es ist eine wertvolle Gabe, die dich über alle anderen Menschen erheben wird", rief Apollon. Er zog Kassandra an sich und wollte sie küssen.

Da erwachte sie endlich aus ihrer Erstarrung und riss sich von ihm los. „Nein", schrie sie laut und verzweifelt, „rühre mich nicht an und wenn du auch ein Gott sein magst! Ich bin nicht dein Eigentum, das du behandeln kannst, wie es dir beliebt. Ich bin Kassandra, die Königstochter von Troja, und ich will nicht nur wegen meiner Schönheit geliebt werden, sondern um meiner selbst und um meines Verstandes willen!"

Apollons Stirn verdüsterte sich bedrohlich. Wütend schrie er auf und seine Stimme war wie Donnergrollen in der Luft. „Du widersetzt dich mir? Einem Gott? Der dir soeben ein wertvolles Geschenk gemacht hat?", donnerte Apollon.

„Ich hätte dich lieben können, wenn du dir die Mühe gemacht hättest, mich kennenzulernen, mich zu achten und zu schätzen. Aber du willst mich nur, weil ich schön bin. Und du denkst, ich werde deine Frau, weil du ein Gott bist. Aber ich sage Nein! Ich will diese Liebe nicht, auch nicht von dir. Und wenn es mich das Leben kostet", schrie Kassandra.

Apollons Augen loderten wie zwei Höllenfeuer und in seinem Zorn, abgewiesen

worden zu sein, musste sich der Gott beherrschen, Kassandra nicht auf der Stelle zu töten. Wütend starrte er sie an und sann auf Rache.

Kassandra war sich sicher, dass sie dem Tode geweiht war. Sich einem Gott zu widersetzen, wurde immer bestraft. Und damit hatte sie recht. Es geschah jedoch auf andere Weise, als sie gedacht hatte.

Apollon betrachtete Kassandra mit kalten Augen. „Die Gabe der Prophezeiung und Weissagung werde ich dir nicht wieder nehmen", sagte er verdächtig sanft. „Doch ich belege dich mit einem Fluch: Du wirst jedes Unglück kommen sehen, aber du wirst es nicht verhindern können, denn kein Mensch soll jemals eine deiner Prophezeiungen glauben. Das ist die Strafe für deine Zurückweisung!"

Kassandra sank getroffen bis ins Mark zu Boden, schlug die Hände vor ihr Gesicht und weinte lautlos. Mitleidslos und zornig blickte Apollon auf sie herab. Als sie ihre Augen erhob, war der Gott verschwunden.

Schon bald sollte Kassandra erfahren, wie schlimm der Fluch war, mit dem Apollon sie bedacht hatte. Wohin auch immer sie blickte, wem auch immer sie in die Augen sah – sie sah das Unglück, das jenem bevorstand, in deutlichen Bildern vor ihren Augen. Doch wenn sie es aussprach und einem Vater sagte: „Bitte, geh nicht mit deinem Kind in den Hafen, es wird dort sterben", dann wandte sich der Mann nur kopfschüttelnd von ihr ab und murmelte unwirsch: „Ach, das ist doch Unsinn. Ich passe doch auf und nichts wird geschehen!" Dann ging er mit seinem Kind an der Hand in den Hafen und hielt es fest an der Hand, damit es nicht ins Wasser fiele. Das Kind jedoch wollte nicht so festgehalten werden. Es riss sich los und rannte über die Straße zu einem Mann, der dort seine akrobatischen Kunststücke zeigte. Dabei übersah es, dass ein Wagen, vor den vier Pferde gespannt waren, in vollem Galopp heranfuhr. Der Wagen erfasste das Kind und es starb an Ort und Stelle. Der Vater klagte und weinte laut. Daran, dass ihn Kassandra gewarnt hatte, dachte er nicht mehr. Er hatte es vergessen.

So geschah es im Laufe der Zeit, dass die Trojaner die Königstochter nur noch die „verrückte Kassandra" nannten. Durch den Fluch des Apollon konnten sie ihren Prophezeiungen keinen Glauben schenken, auch wenn jede ihrer Vorhersagen eintraf.

Kassandra zog sich ganz in den Königspalast zurück. Doch auch hier konnte sie ihrem Schicksal nicht entfliehen. Sie sah den schlimmsten aller Kriege, den Trojanischen Krieg, kommen und konnte den Untergang Trojas nicht verhindern. Vergeblich versuchte sie ihren Vater, den König Priamos, vor den zukünftigen Taten ihres Bruders Paris zu warnen.

„Er wird Unglück über Troja bringen, Vater", sagte sie und flehte Priamos an, Paris vom trojanischen Hof zu verbannen. Doch ihr Vater lachte nur und tätschelte ihr liebevoll die Wange:

„Ach, Kassandra, immer siehst du Unglück voraus. Gar nichts wird geschehen, dein Bruder Paris ist ein vernünftiger junger Mann, der niemals seiner Stadt schaden würde."

Kassandra neigte den Kopf und schwieg. In dem Moment erschien es ihr, als würde sie von ferne das dröhnende Lachen Apollons und seine Stimme flüsternd im Sturm, der gerade über dem Meer aufkam, hören: „Wehe dir, Kassandra! Der schreckliche Krieg wird kommen! In Troja wird kein Stein mehr auf dem anderen stehen bleiben und kein Mensch wird dann an diesem Ort mehr leben. Du weißt es, doch keiner wird dir glauben. Hättest du mich nur nicht abgewiesen, dann könntest du das Unglück verhindern. Aber Troja wird fallen und du wirst die Schuld daran tragen!"

Und so kam es. Kassandras Bruder Paris verliebte sich auf einer Reise unsterblich in die schöne Helena von Sparta, die mit dem König Menelaos vermählt war. Im Rausch seiner Liebe raubte Paris die schöne Frau, brachte sie nach Troja und nahm sie zur Frau.

König Menelaos sann auf Rache. Er rief die griechischen Heldenfürsten zu Hilfe, darunter Odysseus, den König von Ithaka, seinen Bruder Agamemnon, den König von Mykene, außerdem den Helden Achilleus und viele andere mehr. „Ich muss den Raub meiner Gemahlin rächen! Ihr, meine Freunde, sollt mit mir gegen Troja ziehen und Helena zurückholen. Die Stadt muss zerstört werden!", sagte Menelaos beim Treffen aller griechischen Fürsten. Also rüsteten sich die Helden mit Waffen, Männern und vielen Schiffen und segelten in Richtung Troja.

Eines Tages, Monate nachdem Paris mit Helena im trojanischen Königspalast eingezogen war, erwachte Kassandra vom lauten Rauschen des Meeres, dessen Wellen sich an der äußeren Mauer des hoch auf den Felsen thronenden Königspalastes brachen. Rasch stand sie auf, von dunklen Vorahnungen erfüllt. Sie trat ans Fenster und blickte hinaus. Der Anblick, der sich ihrem Auge bot, war furchterregend. Der Horizont war schwarz von Kriegsschiffen, die auf das Ufer zuhielten. Rasch kamen sie näher und näher. Kassandra schrie angsterfüllt auf und lief bloßfüßig und mit offenen Haaren zu ihrem Vater, der noch friedlich im Bett schlummerte.

Sie rüttelte ihn wach und schrie: „Vater, wach auf, du musst dich und die Trojaner zum Kampf rüsten. Die Griechen kommen mit einer riesigen Flotte von Kriegsschiffen, um unsere Stadt zu zerstören. Sie wollen den Raub Helenas rächen und sie zurückholen! Schnell, sieh selbst!“, und sie deutete auf das Fenster, von dem aus man das Meer sehen konnte.

König Priamos sprang alarmiert aus dem Bett und eilte ans Fenster. Doch er sah nur das friedliche blaue Meer und sonst – nichts. Kassandra hatte nicht die Gegenwart gesehen, sondern die Zukunft.

„Ich habe die Schiffe gesehen, Vater, wirklich ... sie werden kommen ... Paris sollte Helena sofort nach Sparta zurückschicken, dann können wir das Unglück noch verhindern! Bitte, Vater, glaub mir doch ...!“, flehte Kassandra.

Doch König Priamos wollte ihre Warnungen nicht hören. „Das ist wieder eines von deinen Hirngespinsten, Kassandra! Ich will davon nichts mehr hören!", zürnte er und wies sie mit ausgestrecktem Arm aus dem Zimmer.

Fortan schwieg Kassandra. Sie schwieg auch noch, als die ersten Schiffe einer riesigen Flotte vor Troja auftauchten und sie schwieg, als die Griechen Troja angriffen und der schreckliche, zehn Jahre dauernde Trojanische Krieg begann.

Viele Männer starben in den Kämpfen um Troja und das Leid war groß – genauso, wie Kassandra es vorausgesehen hatte. Doch daran erinnerte sich keiner mehr. Da die Griechen auch in langen Kriegsjahren Troja nicht bezwingen konnten, ersann der schlaue Odysseus eine List. Er ließ ein riesiges hölzernes Pferd bauen, in dessen hohlem Bauch sich die stärksten griechischen Helden mit ihren Waffen versteckten. Alle anderen Griechen segelten mit Mann und Maus von der trojanischen Küste weg. Odysseus' Plan ging auf. Priamos glaubte, dass die Griechen den Kampf um Troja endlich aufgegeben hätten und abgezogen wären. Das hölzerne Pferd hielt der König für eine Opfergabe an die Götter.

„Öffnet die Tore und zieht das Pferd auf den großen Hauptplatz. Es soll uns zeigen, dass wir die Sieger in diesem Krieg sind. Lasst uns feiern, Trojaner!", befahl König Priamos glücklich.

„Tut es nicht, ich flehe euch an! Lasst die Tore verschlossen und rührt das Pferd nicht an! Es bringt Verderben und Tod in die Stadt", drang da der lau-

te Ruf Kassandras an die Ohren all jener, die sich bereits auf die Siegesfeier freuten. Kassandra war verzweifelt. Sie hatte im Traum das hölzerne Pferd gesehen, aus dessen Bauch Flammen hervorschlugen, die die Stadt lichterloh brennen ließen. Sie wusste es mit tödlicher Sicherheit: Das hölzerne Pferd der Griechen brachte den Untergang Trojas. „Das Pferd ist unser Tod!“ schrie Kassandra nochmals.

Doch Priamos wandte sich zornentbrannt an seine Tochter. „Hinaus mit dir! Ich will dich nicht mehr sehen und hören! Verdirb uns nicht diesen schönen Tag des Sieges!“, schimpfte er.

Kassandra neigte den Kopf mutlos zu Boden. Ihr Vater glaubte ihr nicht. Sie wusste, dass nun alles verloren war. So nahm das Unglück seinen Lauf. Die Trojaner zogen das hölzerne Pferd in die Stadtmitte und feierten ihren vermeintlichen Sieg. Doch in der Nacht, als die meisten Trojaner betrunken schliefen, kletterten die griechischen Helden aus dem Bauch des Pferdes und begannen mit ihrem Zug der Verwüstung. Sie töteten jeden, der ihnen in den Weg kam und zündeten die Häuser der Trojaner an. Männer und Frauen starben, während Kassandra weinend in ihrem Zimmer auf dem Boden lag.

Wie froh wäre sie gewesen, hätte sie schnell den Tod finden können, denn sie wollte nicht mehr weiterleben. Apollon hatte ihr Leben zerstört. Doch noch war Kassandras Geschichte nicht zu Ende.

In der Schlacht um Troja entführte sie der mykenische Fürst Agamemnon in sein Königreich. Dort wartete bereits Klytämnestra, seine Gemahlin, auf ihn. Sie empfing Agamemnon jedoch nicht mit Sehnsucht, sondern voller Angst, denn sie hatte sich während seiner langen Abwesenheit einen anderen Mann als Gefährten genommen. Nach seiner Rückkehr führte Agamemnon seiner Frau stolz die wertvollsten Gefangenen vor, vor allem Kassandra, die trojanische Königstochter. Klytämnestra erschrak zutiefst, denn sie wusste von Kassandras Sehergabe und fürchtete, dass ihr Verrat zutage käme. So geschah es, dass Klytämnestra noch am selben Tag nicht nur Agamemnon, sondern auch Kassandra ermordete. Sie starb also von der Hand der einzigen Person, die je an ihre Weissagungen geglaubt hatte.

Eine Frau, stark wie zwölf Männer

Brünhilde war eine Königin, die jenseits des nordischen Meeres wohnte. Was man sich in jener Zeit über diese Frau erzählte, war so unglaublich, dass viele Leute der Meinung waren, dass dies nicht mit rechten Dingen zugehen könne.

Es hieß nämlich, dass Königin Brünhilde nicht nur wunderschön, sondern auch unglaublich stark sei. „Sie ist so stark wie zwölf Männer! Man kann es gar nicht glauben, sie sieht doch gar nicht so kräftig aus", raunten die Leute einander zu, wenn Brünhilde vorüberging. Denn die Königin hatte eine zarte Gestalt. Ihr Geheimnis war ein zauberkräftiger Gürtel, der ihr die Kraft von zwölf starken Männern verlieh.

Ungewöhnlich groß war jedoch auch Brünhildes Stolz. Sie wollte sich keinem Mann unterwerfen und immer die Stärkste sein. „Wenn ich jemals einen Mann heiraten soll, so muss der mich erst im Zweikampf besiegen. Wie ein Mann will ich gegen ihn antreten und kämpfen", sagte Brünhilde.

Viele Männer, die dies hörten, lachten, bis ihnen die Tränen kamen. Eine Frau, die es mit einem Mann an Stärke aufnehmen wollte! Das kam ihnen doch zu lächerlich vor. „Ich hebe sie mit einer Hand hoch und werfe sie in die Luft!", lachte ein Mann, der sie gerne zur Gemahlin nehmen wollte. „Ich wirbele sie mit einem Finger herum, bis ihr ganz schwindlig wird", prahlte ein anderer.

Doch als die beiden an Brünhildes Hof kamen und sich vor ihr stolz in die Brust warfen, lächelte sie nur. „Ihr zwei wollt also gegen mich im Wettkampf antreten? Seid ihr sicher, dass ihr euch das zutraut?", fragte Brünhilde mit Spott in der Stimme.

„Schönste Königin, es wird mir eine Ehre sein, Euch zu besiegen. Und das wird geschehen, glaubt mir!", tönte der eine Freier. Der andere sagte großspurig: „Liebste Herrin, es wird mir nicht schwerfallen, Euch zu besiegen. Doch mit mir werdet Ihr einen tapferen Gemahl erhalten!"

Brünhilde lachte herzhaft und setzte den Wettkampf für den nächsten Tag an. Schon früh am Morgen kleidete sie sich an, legte den Zaubergürtel um und machte sich für den Wettkampf bereit. Viele Menschen waren gekommen, um den ungleichen Kampf zu beobachten.

Zunächst musste sich der erste Freier im Speerkampf gegen Brünhilde beweisen. Er stürzte sich mit voller Kraft in den Kampf, doch Brünhilde war viel schneller und wendiger als er. Ehe er sichs versah, lag er schon auf dem Boden, die Spitze von Brünhildes Speer an seiner Brust.

Als Nächstes musste er einen großen Felsbrocken so weit werfen, wie er nur konnte. Er gab sich alle Mühe, doch Brünhilde schleuderte den Stein doppelt so weit wie er. Da sank dem Mann der Mut. „Das ist doch nicht möglich, dass eine Frau so viel Kraft hat!", dachte er sich grimmig.

Nun kam die letzte Prüfung: Er musste aus dem Stand über den Stein springen, den er geworfen hatte. Zwar gab der Mann sein Bestes, doch er stolperte, fiel auf den Boden und landete im Matsch. Brünhilde jedoch sprang mühelos weit hinter ihren Stein. Beschämt zog der Freier vom Hof.

Dem nächsten Bewerber erging es nicht besser. Auch er hatte keine Chance, gegen die starke Brünhilde anzukommen. Unter dem Gelächter des Publikums musste er sich geschlagen geben.

Der Ruhm von Königin Brünhilde verbreitete sich in aller Welt. Auch König Gunther aus dem Land der Burgunder am Rhein hörte davon. „Was das wohl für eine herrliche Frau sein muss! Ich hätte gerne eine starke Gemahlin an meiner Seite. Und schön soll sie außerdem sein“, schwärmte Gunther dem Helden Siegfried vor, der in jenen Tagen bei ihm zu Besuch weilte. „Kommst du mit mir, wenn ich um ihre Hand anhalte, lieber Freund?“, fragte er Siegfried. Der sagte spontan zu und freute sich auf das Abenteuer.

Mit großem Gefolge reisten die Freunde an Brünhildes Hof. Dort stellte sich König Gunther als Bewerber um Brünhildes Hand vor.

Die Königin lachte und sagte: „Du gefällst mir ganz gut. Doch bist du auch so stark, wie ich es brauche? Morgen wirst du dich mit mir im Kampfe messen. Geh am besten früh schlafen, denn du wirst alle deine Kräfte brauchen!“

König Gunther wurde flau im Magen. „Ich habe plötzlich Angst, dass ich diese Frau nicht besiegen kann. Zwar sieht sie nicht stark aus, aber ich habe den Sieg in ihren Augen gesehen. Du musst mir helfen, lieber Freund. Lass mich nicht im Stich! Ich will diese Frau unbedingt heiraten!“

Siegfried ließ sich überreden und versprach, seinem Freund beizustehen. Rasch ging er zum Lager und holte den Tarnumhang, den er einst dem Zwergenkönig Alberich abgenommen hatte. Wer diesen Mantel trug, war unsichtbar.

Am nächsten Tag, als Gunther auf dem Kampfplatz auf seine Gegnerin wartete, stand neben ihm sein Freund Siegfried, vom Mantel verborgen. Als Brünhilde in schimmernder Rüstung herbeischritt, klopfte Gunthers Herz voller Furcht, denn er sah, dass die Königin einen Schild trug, den drei Männer zusammen nicht heben konnten.

Zitternd vor Angst trat Gunther zum Kampf an. Sogleich warf Brünhilde den Speer nach ihm, und hätte ihn nicht der unsichtbare Siegfried zur Seite gestoßen – es wäre um Gunther geschehen gewesen. Während des ganzen Kampfes führte Siegfried Gunthers Hand. Aber weder Brünhilde noch Gunther konnte gewinnen. Der Speerkampf endete unentschieden.

Für den nächsten Wettbewerb schleppten die Diener einen Stein herbei, den nur zwölf Männer tragen konnten. Brünhilde lächelte, ergriff den Stein, als wäre er aus Papier, und warf ihn scheinbar mühelos ein großes Stück weit weg. Dann sprang sie dem Stein nach und landete weit hinter ihm.

Nun war Gunther mit seinem unsichtbaren Helfer an der Reihe. Siegfried ergriff den Stein und schleuderte ihn noch weiter als Brünhilde. Dann hob er Gunther hoch und sprang mit ihm über den Stein hinweg.

Brünhilde war sprachlos. Noch nie hatte ein Mann auch nur annähernd solche Kraft bewiesen. Sie war beeindruckt, aber auch wütend, da sie ahnte, dass hier etwas nicht mit rechten Dingen zuging. Doch da sie nichts beweisen konnte, schluckte sie ihren Zorn hinunter und sprach: „Du hast mich im ehrlichen Zweikampf besiegt, König Gunther. Also werde ich deine Gemahlin werden.“

Gunther seufzte erleichtert auf, während Siegfried sich davonstahl und den Tarnumhang ablegte.

So wurde die starke Brünhilde Gunthers Ehefrau. Doch noch gab sie sich nicht geschlagen. In der ersten Nacht, als Gunther seine Frau küssen wollte, fesselte sie ihn mit ihrem Gürtel und hängte ihn an einen Nagel.

Gunther schämte sich fürchterlich. In aller Heimlichkeit vertraute er Siegfried an, dass ihn seine eigene Frau des Nachts gefesselt habe. Da legte Siegfried in der folgenden Nacht noch einmal den Tarnmantel um, schlich in das Schlafzimmer der Königin und rang unter Aufbietung all seiner Kräfte mit ihr, bis er sie schließlich bezwang. Sodann raubte er ihr den zauberkräftigen Gürtel und verschwand.

Nun glaubte Brünhilde, dass sie endgültig von Gunther besiegt worden sei und gab sich zufrieden, obgleich sie fühlte, dass sie betrogen worden war.

Und so war es ja auch: Ohne List wäre sie nie besiegt worden. Aber das wussten nur Gunther und Siegfried. Und die erzählten es nicht weiter.

Das Urteil des Paris

Paris war ein Sohn des Priamos, des Königs von Troja. Eines Tages, als Paris auf einer Wiese lag und sich sonnte, erschienen ihm drei überirdisch große und schöne Frauen. Zuerst dachte Paris, dass er wohl träume. „So schöne und große Frauen gibt es doch eigentlich gar nicht. Sicher schlafe ich noch", und er kniff seine Augen ganz fest zusammen.

Da spürte er plötzlich eine Hand auf seiner Schulter, die ihn unsanft rüttelte. „Nun mach schon die Augen auf, du fauler Mensch!", sagte ein großer junger Mann, der Flügelschuhe trug und in der Luft schwebte. Vor Staunen riss Paris den Mund auf.

„Nun schau nicht so verdattert! Ich bin Hermes, der Götterbote. Und dort vor dir stehen drei Göttinnen", sprach Hermes und stieß Paris in die Seite, damit er sich wenigstens vor den Göttinnen verbeugte.

„Die drei holden Göttinnen Hera, Athene und Aphrodite sind in Streit geraten darüber, welche von ihnen die Schönste sei. Sie kommen zu dir, denn der Göttervater Zeus hat dich, lieber Paris, als Schiedsrichter erwählt", erklärte Hermes und fügte leise flüsternd hinzu: „Ich bin wahrlich nicht neidisch auf diese Aufgabe!"

„Du liebe Güte! Wie kann ich denn entscheiden, welche die Schönste ist! Alle drei sind wunder-wunderschön!", rief Paris aus, der vom Glanz der Göttinnen geblendet war.

„Nun sieh schon genau hin. Es hilft nichts, du musst die Schönste aussuchen", sagte Hermes und stieß Paris nach vorne.

Der ging zögerlich näher an die Göttinnen heran, umkreiste sie und stand dann ratlos vor ihnen. Einmal erschien ihm die eine als die Schönste, dann wieder die andere, dann die dritte. Es war wie verhext!

Da sprach die größte der drei Göttinnen zu ihm: „Ich bin Hera, die Gattin des Zeus. Nimm diesen goldenen Apfel und gib ihn der, die du als Schönste auswählst. Wenn du mich erwählst, werde ich dir Macht verleihen und dir das größte Königreich der Erde schenken!"

„Ich bin Athene", sagte die nächste Göttin, die vor Reinheit und Anmut strahlte. „Wenn du mich erwählst, sollst du Weisheit und Heldentum erlangen!"

Schließlich lächelte ihn die dritte Göttin an und sagte schmeichelnd: „Wenn du mir den goldenen Apfel gibst, so werde ich dir die schönste Frau der Erde als Gemahlin geben. Denn ich bin Aphrodite, die Göttin der Liebe!"

Sie trug ihren zauberkräftigen Gürtel, der einen so starken Liebeszauber aussandte, dass Paris willenlos wurde. Plötzlich erschienen ihm Hera und Athene nicht mehr annähernd so schön. Ohne zu überlegen, gab er den goldenen Apfel der Göttin der Liebe.

„Hier, du hast ihn verdient! Keine ist so schön wie du", sagte er laut und war wie berauscht von Aphrodites Schönheit.

Hera und Athene jedoch waren zutiefst zornig.

„Das werde ich dir nie vergeben, Sohn des Priamos!", rief Hera.

„Du sollst meine Rache noch fühlen. Du wirst dir noch wünschen, dass du eine andere erwählt hättest", schwor Athene.

Aphrodite lächelte Paris dankbar zu und wiederholte ihr Versprechen. „Ich werde mich persönlich darum kümmern, dass du die schönste Frau der Welt als Gemahlin bekommst", sagte sie zum Abschied, ehe sie verschwand.

Die schönste Frau der Welt war Helena, die in Sparta lebte und eine Tochter des Zeus und der Leda war. Jedoch war Helena bereits mit Menelaos, dem König von Sparta, verheiratet. Sie ahnte nicht, welches Schicksal Paris auf sie herabbeschworen hatte.

Eines Tages, als Paris das Versprechen der Aphrodite schon fast vergessen hatte, schickte ihn sein Vater, König Priamos, zu einem Freundschaftsbesuch in das Königreich Sparta. Paris segelte guten Mutes in das ferne Land.

König Menelaos war auf Reisen und als Paris am Königshof von Sparta ankam, empfing ihn lediglich Königin Helena. Als Paris sie sah, wusste er, dass Aphrodite diese Frau gemeint hatte.

„Sie ist so schön wie Aphrodite selbst", dachte Paris hingerissen.

Auch Helena blieb nicht ungerührt. Der junge, stattliche und gut aussehende Königssohn von Troja gefiel ihr viel besser als ihr Gemahl Menelaos. Und als sie Paris in die Augen blickte, vergaß sie ihren Gatten vollends.

„Obgleich sie verheiratet ist, kann ich sie nicht hierlassen", sagte Paris zu sich. „Ohne sie kann ich nicht mehr sein. Sie muss meine Gattin werden, Aphrodite hat es versprochen!"

An diesem Tag des ersten Zusammentreffens ging er noch zurück in sein Lager. Doch in der Nacht rüstete er seine Krieger und brach in den Königspalast von Sparta ein! Die Soldaten nahmen sich von den Schätzen, so viel sie tragen konnten. Paris aber stürmte in das Zimmer von Helena, nahm sie in seine Arme und trug sie davon. Helena wehrte sich nicht, sondern schmiegte sich in seine starken Arme. Verzückt blickte Paris in ihr wunderschönes Gesicht. Er war wie von Sinnen, denn die Spartanerfürstin brachte ihn um seinen gesunden Menschenverstand. So mächtig war die Schönheit der Helena.

Mit seiner Beute machte sich der Königssohn auf den Weg zurück nach Troja. Noch auf dem Schiff fragte er Helena, ob sie seine Frau werden wolle.

Helena war von der stürmischen Liebe des schönen Paris hingerissen. „Ich will nur die deine sein. Mein ehemaliger Gatte Menelaos ist mir gleichgültig. Dich allein will ich haben!", bekräftigte sie ihre Liebe.

Beide ahnten nicht, welches Unglück sie damit nach Troja brachten. Es wäre ihnen wohl auch gleichgültig gewesen.

Als Menelaos zurückkehrte und hörte, dass seine Gattin vom trojanischen Königssohn Paris entführt worden sei, wurde er vor Zorn ganz blass. „Das sollen mir die Trojaner büßen! Ich werde mich dafür rächen, dass Paris mir meine Frau geraubt hat. Ich werde Troja dem Erdboden gleichmachen!", schrie der König von Sparta. Wenig später zog er mit einem riesigen Heer gegen Troja.

Damit hatte der schreckliche Trojanische Krieg, der mehr als zwanzig Jahre dauern sollte, begonnen. Die schönste Frau der Welt war für Paris und seine Heimat Troja zum Verhängnis geworden. Davon jedoch hatte Aphrodite nichts erzählt.

Prinz Irregang und Jungfer Miseri

Vor vielen Jahren hat sich in Dänemark die Sage von Prinz Irregang und Jungfer Miseri zugetragen. Der König des Landes liebte die Jagd. Eines Tages jedoch wagte er sich in seinem Jagdeifer zu weit in die gefährliche Moorlandschaft hinaus. Dichter Nebel kam auf und der König traute sich keinen Schritt mehr zu gehen. Er konnte nicht erkennen, wo festes Land war und wo er im tückischen Moor versinken würde.

Plötzlich tauchte aus dem Nebel ein Kobold auf, der so unbekümmert über das Moor schritt, als würde er auf Marmorboden gehen.

„Bitte, lieber Kobold, hilf mir aus diesem Moor heraus. Ich finde keinen sicheren Weg!“, bat der König.

Der Kobold grinste tückisch und antwortete: „Ich werde dir gerne helfen, aber du musst mir etwas dafür geben. Ich will den nächsten Jungen, der im Schloss geboren wird!“

Der König dachte an seine hochschwangere Frau, die zu Hause auf ihn wartete, doch er hatte keine Wahl. „So soll es sein!“

Da hielt der Kobold den Stecken in die Höhe und sagte: „Folge ihm, er bringt dich heim!“ Dann warf er dem verblüfften König den Stock zu und verschwand im Nebel.

Der Stecken des Kobolds blieb einen Schritt vor dem König stecken. Als der einen unsicheren Schritt darauf zu tat, berührte er festes Land. Der Stock sprang weiter, der König folgte. So kam der König sicher nach Hause.

Als der König im Schloss ankam, war das Erste, was er hörte, der Schrei eines Neugeborenen. Während er unterwegs gewesen war, hatte seine Frau einen Knaben zur Welt gebracht. Der König erschrak, denn er erinnerte sich an sein Versprechen und erzählte seiner Frau davon. Diese weinte bitterlich, denn sie wollte ihr Kind nicht verlieren.

Schon am nächsten Tag erschien der Kobold an der Wiege des Kindes. „Gib mir deinen Sohn!“, verlangte er.

Doch die Königin warf sich schluchzend über ihr Kind und flehte, dass er es ihr doch nicht wegnehmen möge.

„Nun gut. Ich lasse euch den Knaben fünf Jahre lang. Dann komme ich wieder. Einstweilen will ich hundert Ochsen als Ersatz“, forderte der Kobold nach kurzem Überlegen. Er erhielt die Ochsen und ging.

Prinz Irregang, wie ihn die Eltern getauft hatten, wuchs glücklich heran. Doch an seinem fünften Geburtstag erschien der Kobold wieder. „Gebt mir den Knaben!“

Ein weiteres Mal konnten die Eltern ihn überreden, ihnen den Buben zu lassen, und am zehnten Geburtstag Prinz Irregangs überredeten sie den Kobold erneut. Jedes Mal nahm er als Ersatz Hunderte von Ochsen mit.

Als der Kobold jedoch am 15. Geburtstag des Prinzen im Schloss erschien, war er unerbittlich. „Es gibt keine Gnade mehr. Ich nehme den Burschen jetzt mit“, verkündete er, ergriff Prinz Irregangs Hand und verschwand.

Weit wanderte der Kobold mit Irregang über das Moor, ehe sie an einen riesigen Park kamen, in dem ein prächtiges Schloss stand. Beim Eingangstor warteten eine uralte, hässliche Hexe und ein wunderschönes Mädchen. „Das ist meine Mutter. Das Mädchen heißt Jungfer Miseri und ist ihre Dienerin, so wie du jetzt mein Diener sein wirst“, erklärte der Kobold. Jungfer Miseri lächelte Irregang an und schon fühlte er sich gleich viel besser.

Am nächsten Tag führte der Kobold Prinz Irregang in einen großen Wald und reichte ihm eine Axt. „Du sollst mir heute den ganzen Wald fällen. Tust du es nicht, werde ich dich töten!“

Irregang wollte sogleich mit der Arbeit beginnen, doch die Axt war viel zu schwer und die Bäume waren viel zu groß. Verzweifelt saß der Prinz auf dem Boden, als Jungfer Miseri ihm sein Mittagessen brachte. „Ich muss ja doch sterben. Ich kann den Wald nicht bis heute Abend fällen!“, seufzte er.

„Ach, das ist nicht schwierig. Ich lebe schon so lange bei der alten Hexe, dass ich mir all ihre Zauberei abgeschaut habe. Warte ab, ich helfe dir“, sagte die Jungfer. Dann schwenkte sie ein Tüchlein durch die Luft und sprach ein paar Zauberworte. Da fielen die Bäume um, als wären sie von Geisterhand gefällt. Der Prinz staunte nicht schlecht und Miseri lachte fröhlich.

Am nächsten Tag sollte der Prinz einen riesigen Schafstall ausmisten. Auch hier half ihm Miseri mit ihren Zauberkünsten. Am dritten Tag musste Irregang einen riesigen Grauschimmel versorgen. Das Pferd war mit sieben Schlössern angekettet und wenn es aufstampfte, flogen die Funken. Irregang konnte sich dem Pferd nicht einmal nähern, so wild war es. Noch einmal half ihm Jungfer Miseri aus der Klemme und Irregang gelang es, das riesige Pferd zu zähmen.

Der Kobold jedoch war misstrauisch geworden. Am Abend sagte er zu seiner Mutter: „Ich bin sicher, dass Miseri dem Prinzen geholfen hat. Sie sollen beide sterben!"

Doch Jungfer Miseri hatte das Gespräch heimlich belauscht. Aufgeregt lief sie zu Irregang und flüsterte: „Wir müssen sofort fliehen. Sie wollen uns umbringen!"

Gemeinsam eilten sie zu dem Grauschimmel. Miseri sattelte das Pferd, sie saßen auf und schon ging es so schnell wie der Wind in Richtung Heimat.

Plötzlich sah die Jungfer einen Schwarm Krähen hinter ihnen. „Das sind die Diener des Kobolds, die uns holen wollen", sagte sie voller Sorge und

sprach schnell einen Zauberspruch: „Sei du ein Strauch, mein Pferd ein Stein, ich will am Zweig die Rose sein!" Und schon waren sie verwandelt und die Krähen konnten sie nicht finden.

Nach einer Weile ritten sie weiter. Da sah Jungfer Miseri ein feuriges Rad hinter ihnen herrollen. „Das ist der Kobold, der will uns holen", rief sie und zauberte: „Ein Kirchlein du, ein Pfarrer ich, das Ross zum Kirchhof wandle sich!" Im selben Moment wurden sie verwandelt. So konnte der Kobold die Flüchtenden nicht sehen und brach die Verfolgung ab.

Wieder ritten sie weiter. Plötzlich sah Miseri einen Feuer speienden Drachen hinter ihnen hereilen. „Das ist die Hexe selbst. Ich muss sie täuschen, sonst sind wir verloren!" Schnell sagte sie einen Zauberspruch: „Das Ross ein Teich, ein Entlein ich, und du, mein Prinz, ein Enterich!" Und auch die Hexe ließ sich täuschen. Vor lauter Ärger, dass ihr die Flüchtigen entkommen waren, zersprang sie in tausend Scherben.

Schließlich erreichten Prinz Irregang und Jungfer Miseri das heimatliche Schloss. Unterwegs hatten sie Gefallen aneinander gefunden und wollten so bald wie möglich heiraten. Miseri beschloss, vor den Toren auf die königliche Einladung zu warten und sagte zum Prinzen, den sie von Herzen liebte: „Gehe hinein, aber lasse dich nicht küssen, denn wenn du dich küssen lässt, wirst du mich vergessen!" Prinz Irregang versprach es ihr und sie nahmen liebevoll Abschied.

Wie freute sich der König, seinen Sohn wiederzusehen! Denn während es Irregang vorkam, als sei er nur einige Tage fortgewesen, waren in Wirklichkeit Jahre vergangen. Seine Mutter war in der Zwischenzeit vor Gram gestorben und der König hatte eine neue Frau.

Prinz Irregang beherzigte Jungfer Miseris Rat und ließ sich trotz des herzlichen Empfangs von niemandem küssen.

Doch die neue Königin war eine Hexe. Sie wusste, dass auf Irregang ein Mädchen wartete und wollte, dass er alles vergaß. Also verwandelte sie ihre eigene Tochter in einen Windhund, der an Prinz Irregang hochsprang, über sein Gesicht leckte und ihn auf diese Weise „küsste".

In diesem Moment vergaß Irregang alles, was ihm zugestoßen war. Schlimmer noch, sobald die Tochter seiner Stiefmutter wieder ihre natürliche Gestalt angenommen hatte, verliebte er sich in sie und wollte sie heiraten. Jungfer Miseri wartete lange auf den Prinzen, doch als er nicht wiederkam, wusste sie, was geschehen war. Traurig verwandelte sie den Grauschimmel in ein Kälbchen und arbeitete fortan als Hühnermagd am Königshof.

Als Miseri wenig später von der Verlobung des Prinzen hörte, wurde sie sehr traurig. Doch noch gab sie die Hoffnung nicht auf und zauberte sich für die Hochzeitsfeier die schönsten Gewänder herbei. Als sie so im Schloss erschien, waren alle von ihrer Schönheit verzaubert. Doch Prinz Irregang erkannte sie nicht.

Als die Gäste dem Brautpaar die Hand gaben, flüsterte Miseri dem Prinzen zu: „Verlassen und vergessen ward zum Lohn Jungfer Miseri vom Königssohn!" Doch Irregang erkannte sie noch immer nicht.

Als alle Gäste in Hochrufe ausbrachen, flüsterte sie ihm zu: „Verlassen und vergessen ward zum Lohn Jungfer Miseri vom Königssohn!" Verwundert blickte Irregang auf das schöne Mädchen und fühlte ein seltsames Gefühl in sich aufsteigen. Doch er erkannte sie nicht.

Als die Gäste auf das Wohl des Brautpaares anstießen, flüsterte sie ihm zum dritten Mal zu: „Verlassen und vergessen ward zum Lohn Jungfer Miseri vom Königssohn. Sie wartete auf dem grauen Stein, für ihre Hilfe erlitt sie nur Pein!" Da plötzlich erkannte Prinz Irregang seine liebe Jungfer Miseri wieder und erinnerte sich an alles.

Jungfer Miseri erzählte ihm, dass der Windhund, der ihm zur Begrüßung über das Gesicht geleckt hatte, in Wahrheit seine verhexte Braut gewesen sei, und Prinz Irregang begriff, wie er zum Narren gehalten worden war. Als der alte König dies hörte, verstieß er auf der Stelle seine Frau und ihre Tochter. Sie mussten das Land sofort verlassen. Prinz Irregang und Jungfer Miseri aber heirateten mit großer Pracht und wurden miteinander sehr, sehr glücklich.

Rätselhafte Orte

Der Untergang von Atlantis

Vor vielen, vielen Jahren gab es ein Land, das man Atlantis nannte. Niemand weiß genau, wo es lag, denn es versank an einem einzigen schrecklichen Tag im Meer.

Atlantis war ein herrliches Land, in dem Wohlstand, Glück und Zufriedenheit herrschten. Die Dächer waren mit Gold gedeckt und die Pflastersteine leuchteten silbern. Das Schönste an Atlantis aber war, dass es dort keinen Neid, keine Missgunst, keine Gier und keinen Hass gab. Die Menschen lebten friedlich zusammen und halfen einander, wo immer sie konnten.

Auch die Hesperiden, Naturgeister in der Gestalt anmutiger Mädchen, wohnten in Atlantis. In einem versteckten Garten am Rande der Stadt hegten sie wundersame Bäumchen, die goldene Früchte trugen und von einem hundertäugigen Drachen beschützt wurden.

Lange Zeit lebten die Menschen in Atlantis glücklich und zufrieden. Jenseits der Grenzen jedoch wuchs der Neid auf die reichen Stadtbewohner und es wurde immer schwerer für den König, die Gefahr abzuwenden, die Atlantis von außen drohte.

„Ich hoffe, dass ich noch lange die Kraft habe, die neidischen Menschen von unserem schönen Atlantis fernzuhalten", seufzte der König, der schon viele Jahrzehnte regierte. Jeden Tag brachten ihm die Hesperiden eine der golden schimmernden Früchte aus ihren Gärten.

Sobald der König ein Stück der Früchte gegessen hatte, kehrte die Lebenskraft in ihn zurück und er war stark genug, um das Böse abzuwehren.

Eines Tages kam ein Besucher nach Atlantis. Es war der Titan Atlas, der dem griechischen Helden Herakles einen Gefallen tun wollte. „Herakles bat mich, ihm die goldenen Früchte der Hesperiden zu bringen. König Eurystheus von Mykene hat es ihm aufgetragen", erklärte Atlas dem König von Atlantis.

„Wenn du den hundertäugigen Drachen bezwingen kannst, darfst du gerne zu den Hesperiden gehen und dir nehmen, was du brauchst", sagte der König von Atlantis freundlich.

Staunend schritt Atlas über die silbern gepflasterten Straßen. Er war überrascht, wie friedlich und heiter die Bewohner von Atlantis zusammenlebten. Jeder, den er ansah, hatte einen freundlichen Gruß für ihn.

Schließlich gelangte er außerhalb der goldenen Stadtmauer in die Nähe des Gartens der Hesperiden und erblickte den Drachen, der ihn aus hundert Augen beobachtete. Da begann Atlas zu singen. Er sang ein altes Lied, das seine Mutter ihm beigebracht hatte und das außer ihm keiner kannte. Mit diesem Lied besänftigte Atlas das Untier, das seinen Kopf auf den Boden legte, seine hundert Augen schloss und friedlich einschlief.

Die Hesperiden empfingen Atlas freundlich und er erklärte ihnen, weswegen er gekommen sei.

„Geh nur, lieber Atlas, und hole dir von den goldenen Früchten. Aber denke daran: An jedem Bäumchen muss eine Frucht hängen bleiben, damit sie weiterwachsen können!", schärften ihm die Hesperiden ein.

Atlas nickte und betrat den Garten. Nur zwei kleine Bäumchen standen da, aber die waren über und über mit goldenen Früchten behängt.

Zuerst pflückte Atlas von jedem Baum nur eine Frucht. Doch dann dachte er sich: „Ach, lieber nehme ich mehr Früchte mit. Wer weiß, wozu man sie gebrauchen kann!"

Atlas öffnete die Tasche, die er mitgebracht hatte, und pflückte beide Bäumchen vollkommen leer. Nicht eine einzige goldene Frucht ließ er hängen. Die Bitte der Hesperiden hatte er längst vergessen. Dann machte er sich auf den Rückweg, um Herakles die goldenen Früchte zu bringen.

Als die Hesperiden ihren Garten wieder betraten, waren sie entsetzt. „Oh, welch schrecklicher Verlust. Keine einzige Frucht hat Atlas hängen lassen. Nun werden unsere Bäumchen sterben …", jammerten sie.

Auch der König konnte nun nicht mehr von den Früchten essen. Von diesem Tag an verließen ihn seine Kräfte mehr und mehr und er konnte Atlantis nicht mehr gegen die bösen Gewalten schützen. Neid, Gier und Hass breiteten sich seuchenartig aus.

Selbstsüchtige Menschen kamen nach Atlantis und waren vom Reichtum der Stadt überwältigt. Mit Brechstangen rissen sie das silberne Pflaster heraus und deckten die goldenen Dächer ab. Ihre Beute schleppten sie in großen Wägen fort. In den sonst so friedliebenden Bürgern von Atlantis wuchs der Zorn. „Wir müssen uns gegen diese Menschen wehren. Wir müssen Krieg führen!", riefen sie. Der König von Atlantis war entsetzt, doch er hatte nicht die Kraft, seine Untertanen zu beruhigen. Er konnte das Böse nicht mehr aufhalten.

Eines Tages, als er hörte, wie das wütende Gebrüll prügelnder Banden sich dem Königspalast näherte, wurde er unglaublich zornig. Voller Verzweiflung schleuderte er seine Krone aus Saphir mit solcher Wucht zu Boden, dass die Erde bebte. Das Beben schwoll an und Atlantis begann zu wanken. Die Häuser stürzten ein und die Straßen wölbten sich unter dem Druck des Erdreiches. Rings um das Land erhoben sich die Meeresfluten und schlugen in turmhohen Wellen über Atlantis zusammen.

Einen Tag und eine Nacht dauerte das schreckliche Beben an. Der Himmel war dunkel und der Donner rollte unaufhörlich. Während dieser schrecklichen Stunden versank Atlantis im Meer. Kein Mensch hat es je wieder gefunden.

Der boshafte Puka und sein Moor

In Irland lebte einst ein boshafter Kobold, den man Puka nannte. Seine Heimat war das unergründliche Moor der Grafschaft Kerry. Seit vielen Hundert Jahren hauste der Puka dort ungestört, denn die Menschen mieden diese Moorlandschaft.

Eines Tages jedoch zog ein Mann namens Tim Dorney in die Gegend. Er pachtete das gesamte Land rund um das Moor und bewirtschaftete es. Aber es ärgerte ihn, dass das Moor so nutzlos inmitten seiner Felder lag, und er beschloss, es trockenzulegen und daraus Äcker zu machen.

„Das gibt einen fruchtbaren Boden, auf dem alles gedeihen kann“, dachte Tim. Noch wusste er nicht, dass in dem Moor ein Kobold lebte ...

Als Tim Dorney große Teile des Moores entwässert hatte, war der Puka seiner Heimat beraubt, denn er konnte nur im wässerigen Moor leben. Da wurde der Kobold schrecklich zornig und schimpfte: „Ich werde nicht untätig zuschauen, wie mir dieser Tim Dorney meine Heimat raubt! Er wird es noch bereuen, dass er das Moor vernichtet hat!“

Schneller als er geglaubt hatte, ergab sich für den Puka eine Gelegenheit, an Tim Dorney Rache zu nehmen. Jeden Abend spazierte der Pächter noch einmal über seine Weiden, um zu prüfen, ob dort ein fremdes Rind grase. Auf einem dieser Rundgänge, sah er ein dürres und struppiges Pferd auf dem Weg liegen. Als er es verjagen wollte, fuhr es ihm blitzschnell zwischen die Beine. Und ehe Tim Dorney wusste, wie ihm geschah, jagte der dürre Klepper mit ihm in die Dunkelheit davon.

„Oje, da hat es wohl ein Puka auf mich abgesehen“, stöhnte Tim, der wohl wusste, dass es solche Wesen gab. Er versuchte abzuspringen, doch es gelang einfach nicht! Tim Dorney saß so fest auf dem Rücken des Gaules, der in Wirklichkeit der boshafte Puka war, als wäre er dort angeklebt. Also musste er sich gefallen lassen, dass der klapperige Gaul mit ihm an kantigen Felswänden vorbeistürmte, dann durch ein dichtes Dornen-

gestrüpp galoppierte und schließlich auf einen großen, nackten Felsen zusprengte. Von Weitem hörte Tim Dorney Wasser rauschen und ihm wurde angst und bange zumute.

„Oje, da unten fließt der Fluss vorbei. Hoffentlich wirft mich der Puka nicht hinunter", jammerte Tim und klammerte sich jetzt mit Händen und Füßen an den alten Klepper. Ganz oben an der Felskante blieb der Gaul plötzlich stehen. Tims Herz klopfte wie wild und er wagte gar nicht, den Kopf zu heben.

Doch ein Puka aus dem Moor hat zwar die Macht, die Menschen zu quälen, nicht aber die Macht, sie zu töten. Also machte der Klepper auf der Stelle kehrt und jagte den Weg mit dem erleichterten, wenn auch zerschundenen Tim zurück. Wieder ging es durch stacheliges Gebüsch und dornige Hecken, bis der Puka am Rande eines kohlrabenschwarzen Tümpels stehen blieb. Er bäumte sich auf und warf den armen Tim Dorney in ein Dornengebüsch. Dann sprang er in den morastigen Tümpel und verschwand.

Tim betastete seine schmerzenden Glieder und war heilfroh, dass er noch lebte. Allerdings war er weit von seinem Haus entfernt und musste die ganze Nacht wandern, ehe er es erreichte. „Na warte, du boshafter Puka! Du wirst mich nicht noch einmal quälen", schimpfte Tim, während er die Blasen an seinen Füßen verarztete.

Am nächsten Tag beschaffte er sich zwei Sporen und außerdem eine Peitsche, an deren Ende eine bleierne Kugel befestigt war. Die nahm er mit, als er am Abend wiederum seine Weiden inspizierte.

Auch in dieser Nacht lauerte der Puka als Klepper auf dem Weg. Wieder fuhr er Tim zwischen die Beine und wollte fortjagen, doch Tim Dorney drückte dem Puka die scharfen Sporen schmerzhaft in die Seiten. Mit der Peitsche hieb er auf den Klepper ein, so fest er konnte. Als der Puka ihn abwerfen wollte, klammerte er sich fest und fuhr unablässig fort, ihn mit Sporen und Peitsche zu quälen.

Es dauerte nicht lang, da legte sich der Klepper auf den Boden und bat Tim Dorney mit weinerlicher Stimme: „Bitte steig ab, Herr. Von jetzt an werde ich dich in Frieden lassen. Großes Ehrenwort!"

„Na gut", sagte Tim Dorney und triumphierte innerlich. Er hatte dem Puka gezeigt, wer der Stärkere war. Dennoch nahm er Sporen und Peitsche von nun an jeden Abend auf seinen Gang über die Weiden mit. Und das war gut so, denn das Ehrenwort eines Pukas zählt nicht viel. Noch mehrere Male versuchte der Kobold, Tim Dorney auf die bekannte Art zu quälen. Doch sobald er die Sporen und die Peitsche erblickte, schlich er zurück ins Gebüsch. Tim Dorney war sehr zufrieden mit sich.

Aber der Puka hatte noch nicht aufgegeben. Schließlich fühlte er sich als der rechtmäßige Besitzer des Moores. Geduldig wartete er auf seine Gelegenheit, um Tim heimzuzahlen, dass er ihn seiner Heimat beraubt hatte.

Einige Monate später sollte sie kommen. Einmal im Jahr musste Tim Dorney seinen Zins an den Verpächter entrichten. Dafür belud er vier Pferde mit je zwei Fässern Butter und trieb sie einen Pfad entlang zur Stadt. Da es noch kalt und stürmisch war, machte Tim an einem Gasthaus halt, um sich an einem heißen Tee zu wärmen. Die vier Lastpferde ließ er vorangehen, denn sie kannten den Weg genau.

Als Tim Dorney nach einer Viertelstunde wieder auf sein Pferd stieg und den Lasttieren nachgaloppierte, sah er schon aus der Ferne, dass etwas nicht stimmte. „Was tun denn die Pferde? Warum scheuen sie und weichen vom Wege ab?", wunderte sich Tim Dorney.

Er sorgte sich sehr, lag doch gleich neben dem Pfad ein reißender Fluss, und seine Lastpferde kamen dem Wasser schon gefährlich nahe.

Als er noch ein Stück näher kam, begriff Tim, was vor sich ging: Der boshafte, zottige Puka trieb die armen Pferde mit einem Stock und wildem Geschrei vom Pfad ab. So schnell wie möglich versuchte Tim heranzukommen, doch der Puka war schneller. Ohne Gnade scheuchte er die Pferde vor sich her, bis sie schließlich in den tosenden Fluss sprangen und mitsamt ihrer Ladung untergingen. Tim Dorney blieb nichts übrig, als wieder nach Hause zu reiten – um seine Pferde und ihre Last ärmer.

„Ich habe genug von diesem verhexten Moor. Mag da wohnen, wer will. Ich werde mich nicht mehr mit diesem bösartigen Puka herumärgern", entschloss er sich grimmig und begann, seine Sachen zu packen.

Noch am selben Tag verließ Tim Dorney die Gegend und kehrte nie wieder zurück. Das trockengelegte Moor wurde wieder feucht und schlüpfrig. Die Nebel wallten wie einst über den Sumpf. Der Puka kehrte in seine alte Heimat zurück und wurde nie wieder von dort vertrieben, denn in dieser gruseligen Gegend wollte niemand mehr leben.

König Laurins Rosengarten

In den Alpen gibt es einen wundersamen Ort, hoch oben zwischen den Gipfeln. Es heißt, dass dort der berühmte Rosengarten des Zwergenkönigs Laurin zu finden sei.

Es geschah vor langer Zeit, dass der König, dessen Reich am Fluss Etsch lag, eine überaus schöne Tochter hatte. Sie hieß Simhilde und bezauberte alle Männer, die sie erblickten. Als sie alt genug war, um zu heiraten, lud der König im schönen Monat Mai die Adeligen aus nah und fern zu einer vergnüglichen Ausfahrt ein. Auch Prinzessin Simhilde sollte mitfahren. Der König dachte, dass eine solche Vergnügungsfahrt eine gute Gelegenheit sei, den Adeligen seine liebreiche Tochter vorzustellen, denn er hoffte, dass sich ein edler Mann um die Hand seiner Tochter bewerben würde.

Einen Adeligen jedoch hatte der König nicht zu dieser Fahrt eingeladen – den Zwergenkönig Laurin. Denn ein Zwerg kam für seine Simhilde nun wirklich nicht infrage!

König Laurin war tödlich beleidigt, dass man ihn übergangen hatte. „Das lasse ich mir nicht gefallen! Ich werde auch bei dieser Maifahrt dabei sein – nur sehen wird mich keiner!", grollte Laurin. Der Zwergenkönig besaß eine Tarnkappe, die schon seit ewigen Zeiten im Besitz der Familie war. Mit dieser Kappe auf dem Kopf wanderte Laurin ungesehen zum Hof des Königs und fuhr in seiner Kutsche mit. Da erblickte der Zwergenkönig zum ersten Mal die schöne Simhilde.

Nun war es um König Laurin geschehen! Unrettbar verliebte er sich in die liebliche Prinzessin und wollte sie unbedingt zur Frau.

Während Laurin unsichtbar in der Kutsche saß und Simhilde bewunderte, sagte diese zu ihrem Vater: „Ich bin so froh, dass du den Zwergenkönig nicht eingeladen hast. Nie würde ich mich mit einem hässlichen Zwerg abgeben!"

König Laurin war zutiefst verletzt und schwor Rache. „Wenn du nicht freiwillig mit mir kommst, dann eben mit Gewalt", sagte Laurin leise zu sich.

In einem geeigneten Moment, als die Kutsche über unebenes Gelände holperte, ergriff er Simhilde, sprang mit ihr hinaus, stieß den nächsten Reiter vom Pferd und ritt mit seiner Beute auf und davon.

Der König war völlig vor den Kopf gestoßen! Er wusste ja nicht einmal, wer seine Tochter geraubt hatte. Völlig verzweifelt saß er in seiner Kutsche und grübelte, wie er Simhilde retten könnte.

Unter den Adeligen, die zur Maifahrt eingeladen waren, befand sich auch ein kühner Held mit Namen Dietrich von Bern. Dietrich von Bern hatte schon viele große Abenteuer bestanden. Er hatte die schrecklichen Riesen Grim und Hilde besiegt, und nicht einmal der starke Siegfried Drachentöter konnte im Schwertkampf gegen ihn gewinnen. Vielen Menschen hatte Dietrich schon in der Not geholfen. Es hieß, dass Dietrich von Bern Funken versprühe, wenn er in Zorn geriet.

Als Dietrich sah, wie verzweifelt Simhildes Vater war, sprach er: „Sorgt Euch nicht. Ich glaube, ich weiß, wer Simhilde geraubt hat. Es muss jemand sein, der eine Tarnkappe besitzt, und soweit ich weiß, ist der Zwergenkönig Laurin im Besitz eines solchen Umhangs. Wahrscheinlich war er beleidigt, dass er nicht eingeladen worden ist und hat aus Rache Simhilde entführt!“

Der König rang entsetzt die Hände: „Wer kann mir meine geliebte Tochter wieder zurückbringen? Wer hat den Mut und die Kraft?“, schluchzte er.

Dietrich von Bern verneigte sich. „Ich werde Simhilde befreien, verehrter König. Diese hinterlistige Tat des Zwergenkönigs soll nicht ungesühnt bleiben. Gegen mein Schwert Nagelring hat er keine Chance!", rief Dietrich und schwang sich auf sein Pferd.

Lange suchte er im Gebirge nach dem ruchlosen Zwergenkönig, bis er eines Tages vor dem herrlichen und weithin berühmten Rosengarten Laurins stand. Hier endlich erblickte er auch den feigen Entführer, der Simhilde an einen Baum mitten im Rosengarten gefesselt hatte. Der Zwergenkönig stand daneben und ballte zornig die Fäuste.

„Komm her, du großer Held! Komm und zeig mir, dass du besser bist als ein Zwergenkönig! Ich glaube aber, dass du ein jämmerlicher Versager bist, Dietrich von Bern", brüllte Laurin voller Verachtung und zog sein Schwert. Heimlich hatte er sich jedoch vorher einen Zaubergürtel umgeschnallt, der ihm übermenschliche Kräfte verlieh. So glaubte er, seinen Gegner leicht besiegen zu können.

Dietrich von Bern wurde ungeheuer wütend, als er die arme Simhilde gefesselt sah. Aus seinem Munde sprühten die Funken und mit einem wilden Schrei stürzte er sich auf Laurin.

Es kam zu einem schrecklichen Kampf. Aber obwohl Laurin den Zaubergürtel besaß, gelang es ihm nicht, den starken Dietrich und dessen Schwert Nagelring zu besiegen.

„Gleich hab ich dich, du betrügerischer, hässlicher Zwerg", schrie Dietrich und wollte den Zwergenkönig erschlagen. Doch in dem Moment setzte sich Laurin die Tarnkappe auf, die er in der Tasche verborgen hatte, und war plötzlich unsichtbar.

„Was für ein Feigling du bist, Laurin. Schämen solltest du dich, dass du dich versteckst wie eine Maus. Aber ich werde dich trotzdem besiegen und Simhilde befreien!", rief Dietrich. Er schlich zwischen den herrlichen Rosen umher und beobachtete seine Umgebung scharf. Zwar konnte er den Zwergenkönig nicht mehr sehen, aber er schloss aus den Bewegungen der Rosenbüsche, wo sich der hinterlistige Zwerg befand. Es dauerte nicht lange, bis er den Zwergenkönig erwischt hatte und ihn mit seinen starken Armen unbezwingbar festhielt. Er nahm ihm Zaubergürtel und Tarnkappe und fesselte ihn so, dass er sich nicht mehr bewegen konnte.

„Das hast du nun von deinen Betrügereien, Laurin. Wie ein verschnürtes Paket liegst du mitten in deinem berühmten Rosengarten zu meinen Füßen. Die gerechte Strafe wird dich noch ereilen. Aber das ist die Sache des Königs", sagte Dietrich verächtlich zu Laurin. Dann befreite er die arme Simhilde aus ihrer misslichen Lage.

Während sich Dietrich von Bern um die verängstigte Königstochter kümmerte, verfluchte Laurin aus tiefstem Herzen den Rosengarten, der Schauplatz seiner schmählichen Niederlage war. „Nicht bei Tage und nicht bei Nacht soll je wieder das Auge eines Menschen auf diesem Rosengarten ruhen. Nie wieder soll er für seine Schönheit bewundert werden", knirschte Laurin zwischen den Zähnen hervor, ehe Dietrich ihn zum König fortführte.

Von diesem Tag an konnte niemand mehr den wunderschönen Rosengarten des Zwergenkönigs Laurin erblicken, weder bei Tage noch bei Nacht.

Doch in seinem Zorn hatte Laurin die Dämmerung vergessen! So passiert es immer wieder, wenn die Sonne über den Alpen auf- oder untergeht, dass der Rosengarten des Zwergenkönigs in seiner vollen Pracht erstrahlt. Der Volksmund nennt dies auch das „Alpenglühen".

König Artus und die Nebel von Avalon

Lange bevor das Christentum nach Europa kam, glaubten die Menschen in Britannien an eine große Göttin. Ihre Priesterin, die mit ihren Dienerinnen auf einer heiligen Insel namens Avalon lebte, wurde die „weise Frau vom See" genannt. In jenen Zeiten war Avalon leicht zu finden. Es lag stets in der Sonne und die Barke, die Besucher zur heiligen Insel brachte, konnte einfach gerufen werden.

Eines Tages jedoch begann Avalon zu verschwinden. Am frühen Morgen war die Insel in dichte Nebelschwaden getaucht, und es dauerte immer länger, bis die Sonne durchbrach und die Insel zu sehen war. Avalon blieb die meiste Zeit in die Nebel gehüllt.

Das lag daran, dass die Menschen begannen, an den Gott der Christen und nicht mehr an die große Göttin zu glauben.

Je mehr sich das Christentum im Land verbreitete, umso dichter wurde der Nebel um Avalon. Nur wenige Menschen, die noch an die große Göttin glaubten und auf das hörten, was die weise Frau vom See sagte, konnten den Weg zur heiligen Insel finden.

In dieser Zeit wurde Artus, ein Ziehsohn des britischen Königs Uther Pendragon geboren. Artus glaubte an die große Göttin und an Avalon.

Britannien war in jener Zeit ein zerrissenes Reich. Die Fürsten lebten in Streit miteinander, denn jeder wollte mächtiger sein als der andere. Es gab Menschen, die an Avalon und die große Göttin glaubten, aber immer mehr Leute glaubten an Christus. Das Volk war in großer Unruhe. Als Uther Pendragon starb, gab es niemanden, der das zerstrittene Königreich vereinen konnte.

Die weise Frau vom See wollte daher unbedingt, dass Artus, als Anhänger des alten Glaubens, König werde, und ersann eine List: Sie schuf ein wunderschönes Schwert, das unbesiegbar war, und trieb es bis an den Knauf in einen Felsblock. Auf diesem war zu lesen: „Wer dieses Schwert Excalibur herausziehen kann, ist der rechtmäßige König von Britannien!“

Die Ritter und mächtigen Männer des Reiches waren zum Begräbnis Uthers zusammengekommen. Als sie in der Nähe des Bestattungsplatzes den Felsblock mit dem Schwert entdeckten, war das Erstaunen groß. „Das muss die große Göttin gewesen sein! Sie will uns helfen“, rief ein Ritter. Ein anderer sagte: „Das ist ein Wunder! Christus will uns den Weg zeigen!“

Beinahe gerieten sie in Streit, als Gawein, ein edler Ritter, einschritt und sprach: „Dieses Schwert soll die Entscheidung bringen, wer König von Britannien wird. Jeder, der es sich zutraut, soll versuchen, das Schwert aus dem Felsen zu ziehen!“ Die anderen Ritter waren einverstanden und der Wettstreit begann.

Nacheinander versuchten die edelsten und stärksten Ritter, Excalibur aus dem Stein zu ziehen. Doch das Schwert bewegte sich kein bisschen. Die Ritter fluchten fürchterlich.

Schließlich trat Gawain an den Stein heran. Er hatte mächtige Muskeln und alle waren sicher, dass er es schaffen würde. Doch sosehr er auch zog und zerrte und so puterrot sein Gesicht vor Anstrengung wurde – das Schwert blieb im Stein.

Ratlos standen nun alle um den Felsen herum. Da hörten sie plötzlich eine junge Stimme. „Ich möchte es auch gerne probieren, ihr Herren“, sagte Artus, denn die weise Frau vom See hatte ihm im Traum zugeflüstert, dass er die Probe bestehen würde.

Die Ritter mit ihren starken Muskeln grinsten, als der Jüngling an den Stein trat. „Der kann doch nicht mal eine Maus festhalten“, höhnte einer, doch Gawain gebot allen zu schweigen. Er fühlte, dass sich etwas Besonderes ereignen würde.

Artus trat an den Felsblock heran, umfasste den Griff und zog Excalibur aus dem Stein, als wäre der aus Butter.

Ungläubiges Schweigen lag über der Menge, als Artus mit Excalibur in der Hand da stand. Dann brach Gawain in großen Jubel aus und alle stimmten mit ein: „Hoch lebe König Artus! Hoch lebe der König von Britannien!“

Artus war fassungslos. Er sollte König von Britannien sein! Unglaublich!

Feierlich wurde er gekrönt und über die Jahre hinweg gelang es ihm, die Fürsten von Britannien zu vereinen. Unter König Artus zog Frieden in das Land ein. Um sich sammelte er die mutigsten und tapfersten Ritter und nannte sie die „Ritter von König Artus’ Tafelrunde“.

Doch im Laufe der Zeit veränderte sich König Artus. Mit Excalibur in der Hand war er in jeder Schlacht siegreich. Obwohl er wusste, dass er seinen Erfolg nur der weisen Frau vom See zu verdanken hatte, wurde er überheblich. „Ich, König Artus, bin der Stärkste von allen", dachte er, wenn er sich selbstzufrieden im Spiegel betrachtete.

Die weise Frau vom See beobachtete Artus aus der Ferne. Ihr missfiel, dass er so eingebildet wurde. Und vor allem missfiel ihr, dass Artus Avalon vergaß, die heilige Insel im See. Stattdessen hatte er eine christliche Ehefrau geheiratet, die schöne Guinevere. Der christliche Glaube kam Artus immer näher und die Insel Avalon und ihr alter Glaube rückten weiter und weiter von ihm weg.

Eines Nachts suchte die weise Frau vom See König Artus in seiner Schlafkammer auf. „Bedenke, Artus, wer dir geholfen hat, König zu werden. Du musst die große Göttin ehren. In ihrem Namen gab ich dir Excalibur! Und durch Excalibur wirst du sterben, wenn du dich nicht zu unserem Glauben bekennst!"

Doch Artus antwortete nicht einmal. Er drehte sich nur in seinem Bett um und schlief weiter. So stolz war er geworden, dass er nicht einmal mehr mit der weisen Frau vom See reden wollte.

Die Insel Avalon verschwand mit jedem Tag weiter hinter den Nebeln. Nun musste sich das Schicksal von König Artus erfüllen. Lange Jahre schon hatte Artus als König geherrscht, doch es gab viele, die ihn beneideten. Vor allem Mordred, sein Neffe, wollte gerne selbst König werden. Doch er wusste, dass er dazu Excalibur besitzen musste.

Eines Nachts schlich Mordred in das Schlafgemach Artus' und vertauschte Excalibur gegen ein Schwert, das ihm bis ins letzte Detail glich.

Am folgenden Tag ritt Artus allein aus. Er wollte sich von den schweren Amtsgeschäften erholen und machte Rast an einem kleinen Wasserlauf, über dem sich dichter Nebel gebildet hatte. Artus legte sich nieder und schloss die Augen. Plötzlich hörte er hinter sich ein Geräusch. Er sprang auf und stand seinem Neffen Mordred gegenüber, der ein Schwert zog.

„Was willst du, lieber Neffe?", fragte Artus arglos, denn er erkannte nicht, dass Mordred Excalibur in den Händen hielt.

„Du bist lange genug König gewesen!", schrie Mordred und schlug nach Artus. Der zog nun auch sein Schwert. Er war sich sicher, dass er gewinnen müsse, denn er dachte, er halte Excalibur in seiner Hand. Doch das Schwert, das er zog, hatte keine Zauberkräfte.

Der Kampf zwischen Artus und Mordred war hart und grausam. Artus war ein sehr guter Schwertkämpfer, doch gegen Excalibur konnte er nicht gewinnen.

„Nun habe ich Excalibur, Onkel! Und du bist die längste Zeit König gewesen“, schrie Mordred und traf Artus schwer.

Doch im selben Moment hieb auch Artus auf seinen Neffen ein, der zu Tode verwundet auf die Erde fiel und starb. Seine Machtgier hatte ihm den Tod gebracht.

Der sterbende Artus jedoch erinnerte sich wieder an Avalon, an die weise Frau vom See und die große Göttin. Tränen traten ihm in die Augen und er bereute, dass er so stolz geworden war.

Da plötzlich teilten sich die Nebel über dem Wasserlauf und Artus blickte auf einen großen See hinaus, in dessen Mitte die heilige Insel Avalon lag. Eine Barke kam heran. In ihr saß die weise Frau vom See mit ihren Dienerinnen.

Artus lächelte und sagte mit letzter Kraft: „Es tut mir leid, dass ich Euch vergessen habe. Euch habe ich doch alles zu verdanken!“

Die weise Frau vom See kniete nieder und legte ihre Hand auf Artus' Arm. „Tröste dich! Du hast dich rechtzeitig wieder an uns erinnert. Deswegen komme ich jetzt, um dich auf die Insel Avalon zu bringen“, sprach sie und ließ Artus von ihren Dienerinnen auf die Barke heben. Seinen Kopf bettete sie in ihren Schoß.

Als sich die Barke vom Ufer löste und zur Insel trieb, ließ die weise Frau vom See das Schwert Excalibur langsam im Wasser versinken. Artus wurde es ganz leicht ums Herz. „Nun komme ich nach Hause“, seufzte er erleichtert.

„Ja, Avalon ist dein Zuhause. Dort wirst du alle deine Freunde wiedertreffen, alle Ritter deiner Tafelrunde“, sagte die weise Frau vom See. Hinter ihnen schlossen sich die Nebel wieder und wurden immer dichter.

Nach König Artus' Tod breitete sich das Christentum in Britannien aus und der alte Glaube wurde vergessen. Seither hat kein Mensch mehr den Weg nach Avalon gefunden. Es ist hinter den Nebeln verschwunden.

Es heißt jedoch, dass Artus dort mit seinen Rittern der Tafelrunde sitzt und vergnügt mit ihnen feiert. Und wenn Britannien jemals in großer Gefahr sein sollte, dann würde Artus wiederkehren ...

Der Rattenfänger von Hameln

Sie saßen ungeniert am Straßenrand und putzten sich die Mäuler. Zu Dutzenden krochen sie durch die vergitterten Fenster der Bäckereien und durch die mit Holzbrettern verrammelten Luken der Metzgereien. Sie putzten sich possierlich die rosigen Schnauzen und wenn sie in größeren Gruppen über den Marktplatz huschten, dann wippten ihre kahlen Schwänze hin und her, als ob sie die Menschen verhöhnen wollten. Ratten! Unzählige Ratten!

Im Jahr 1284 suchten sie das kleine Städtchen Hameln in einer riesigen Vielzahl heim. Selbst die ältesten Bürger der Stadt konnten sich nicht an eine solche Rattenplage erinnern. Sie warnten ihre Kinder und Enkel vor diesen Tieren: „Nehmt euch in Acht vor den Ratten, nehmt euch in Acht!“, warnten die Alten. „Ihr habt es noch nicht erlebt, aber die Ratten sind des Teufels Brut! Sie bringen Krankheiten mit! Seuchen werden sich ausbreiten und sie werden all das fressen, was eigentlich die Menschen für sich selbst und ihre Kinder brauchen!“

Der Bürgermeister von Hameln und seine Ratsherren trafen sich und berieten voller Sorge, was man gegen die Rattenplage tun könnte.

„Wir müssen Gift auslegen. Damit können wir sie loswerden!“, sagte der Bäcker und so geschah es auch. Doch nur eine einzige Ratte starb am Gift. Alle anderen – und es waren Hunderte – fraßen das vergiftete Getreide nicht. Denn die Ratten waren klug. Sie hatten gesehen, wie ihr Artgenosse starb. Das war den schlauen Tieren Warnung genug.

„Wir müssen uns zusammentun und sie mit Keulen und Stöcken erschlagen!“, schlug der Metzger vor. Und so geschah es auch. Die tapfersten Bürger der Stadt versammelten sich beim Metzger, schwer bewaffnet mit Holzknüppeln und Eisenstangen.

Die Ratten kamen, um von den frisch gebrühten Würsten des Metzgers zu fressen. Doch es waren ihrer so viele und alle wuselten wild durchein-

ander, um die Menschen zu verwirren, sodass nicht ein einziger Schlag mit Keule oder Stock eine Ratte traf. Blitzschnell hatten die Tiere mit spitzen Zähnen eine große Wurst ergattert und zogen sie mit vereinten Kräften in ein Loch, das direkt in ein unterirdisches Höhlensystem führte. Dort lebten die Ratten.

„Wir müssen sie ausräuchern!“, schlug nun der Bürgermeister vor. Und so geschah es. Die Männer legten mit Holzspänen und ölgetränkten Tüchern ein Feuer am Eingang der Rattenhöhle und schoben die Feuersbrunst mit Eisenstangen tiefer hinunter.

„Nun sind wir sie los“, freuten sich die Bürger von Hameln. Doch wie staunten sie, als am anderen Ende der Stadt die ganze Rattenarmee aus dem Ausgang des Höhlensystems herausschoss und sich blitzesschnell wieder in der ganzen Stadt versteckte.

Der Bürgermeister und seine Ratsherren, ja die ganze Stadt Hameln waren ratlos und die Ratten wurden immer mehr. Da kam eines Tages ein Wanderbursche in die Stadt, nahm im Wirtshaus Platz und ließ sich einen leckeren Braten vorsetzen. Auf dem Boden sah er zu seinem großen Erstaunen Ratten herumhuschen.

„Was ist denn bei euch los? Ratten im Wirtshaus – also das ist mir bis jetzt auch noch nicht untergekommen!“, sagte der Wanderbursche grinsend.

„Ach“, seufzte die Wirtin und stützte ihre Hände in die Hüften, „das ist eine schlimme Sache. Was wir schon alles versucht haben, um die Ratten loszuwerden, aber nichts nützt! Die Tiere sind viel zu schlau, sie kommen immer wieder, stehlen unser Essen und machen uns das Leben schwer. Wir wissen uns nicht mehr zu helfen!“

Da lachte der Wandersmann und nahm einen kräftigen Schluck Bier. Er beugte sich vor, zwinkerte der Wirtin belustigt zu: „Ja, habt ihr denn noch nie von dem berühmten Rattenfänger gehört? In drei Städten, durch die ich gewandert bin, hat man sich der Dienste dieses wunderlichen Mannes bedient. Er allein kann euch helfen, die Rattenplage loszuwerden. Wenn ihr wollt und ich für dieses Essen nichts bezahlen muss, dann kann ich euch den Mann herholen. Ich weiß, wo er grad steckt, hab ihn gestern erst getroffen …“

Die Wirtin klatschte über alle Maßen erfreut in die Hände. „Das wäre unsere Rettung! Warte einen Moment, ich hole nur schnell den Bürgermeister her, er soll entscheiden!“, sagte sie und lief davon, derweil der Wanderer mit Appetit weiteraß.

Nur wenige Minuten später stand der Bürgermeister, alle Ratsherren und noch eine ganze Reihe von Bürgern vor ihm.

„Die Wirtin hat mir alles erzählt. Bitte, um Gottes willen, holt uns diesen Rattenfänger her. Er muss uns helfen! Natürlich könnt Ihr hier so viel essen und trinken, wie Ihr wollt. Geht alles auf unsere Rechnung. Abgemacht?“ Der Bürgermeister hielt dem Wanderer die Hand hin und dieser schlug ein.

Die Hamelner Bürger schöpften Hoffnung. Der Wandersmann aß in Ruhe fertig und machte sich dann auf den Weg, um seinen Auftrag zu erfüllen.

Wenige Stunden später traf der Rattenfänger in Hameln ein. Er war ein dünner, groß gewachsener Mann, der wie ein Musikant gekleidet war, eine spitze Nase hatte und große grüne Augen, die ruhig auf die aufgeregten Bürger herabsahen.

„Ich habe gehört, dass ich euch helfen soll. Ihr habt großen Ärger mit den Ratten, nicht wahr?“, fragte der Fremde mit einer tiefen wohltönenden Stimme.

Der Bürgermeister trat vor. „Wir haben von diesem Wanderer gehört, dass ihr uns von den Ratten, die uns sehr schaden, befreien könnt. Ist das wahr?“

Der Rattenfänger musterte den Bürgermeister und nickte langsam. „Ja, das kann ich. Ich mache es mit meiner Flöte und mit Musik“, sagte der Rattenfänger.

Die Hamelner Bürger sahen sich verwundert an. Mit Musik Ratten vertreiben? Wer hatte denn so etwas schon mal gehört.

Der Rattenfänger sah das Misstrauen in den Augen der Menschen. Er zuckte mit den Schultern und wandte sich zum Gehen. „Aber wenn ihr mir nicht glaubt, kann ich ja wieder gehen ... ich sage euch nur so viel: Überall dort, wo ich die Ratten mit meiner Flötenmusik vertrieben habe, sind diese Viecher nie wieder zurückgekommen. Ihr könnt die Leute fragen ...“

Der Bürgermeister hielt den Rattenfänger an der Schulter fest. „Nicht so schnell, Herr Rattenfänger. Wir glauben Euch ja. Es ist nur ungewöhnlich, das müsst Ihr schon zugeben. Ich möchte Eure Künste gerne in Anspruch nehmen!“

Er wandte sich an die umstehenden Bürger: „Was sagt ihr dazu? Er könnte uns helfen." Da keiner einen besseren Rat wusste, stimmten nach und nach alle zu.

„Sehr gut", sagte der Bürgermeister und rieb sich zufrieden die Hände. Voller Zuversicht wandte er sich an den Rattenfänger. „Dann fangt mal an!"

Der Rattenfänger grinste und verschränkte die Arme vor der Brust. „Nicht so schnell! Wir müssen noch über den Lohn sprechen, den ihr mir bezahlt, wenn ich die Ratten aus Hameln vertreibe. Ich verlange für diesen, wie euch klar sein muss, großen Dienst 100 Gulden, nicht mehr, nicht weniger."

Das breite Lächeln auf des Bürgermeisters Gesicht verschwand und auch die anderen Bürger murrten leise. „100 Gulden! Das ist aber schon sehr viel Geld! Da müssen alle mitzahlen. Für die paar kleinen Tierchen ... da sollten doch 50 Gulden auch reichen", versuchte der Bürgermeister zu feilschen.

Der Rattenfänger legte den Kopf schief und sah sich auf dem Marktplatz um. Wohin auch immer sein Blick fiel – er sah Ratten, die sich in der Gosse suhlten, die über den Platz huschten oder am Abfallhaufen nagten.

„Ich würde mal sagen, ihr habt hier mindestens Tausend Ratten, die ich vertreiben soll. Und wenn ihr noch ein paar Wochen wartet, sind es zweitausend oder dreitausend Ratten. Irgendwann gibt es hier mehr Ratten als Menschen. Und was macht ihr dann? Auswandern? Ich denke, 100 Gulden sind ein fairer Preis dafür, dass ich euer Städtchen rette", erwiderte der Rattenfänger selbstbewusst. „Schlagt ein und morgen schon ist keine einzige Ratte mehr in dieser hübschen Stadt zu sehen!"

Der Bürgermeister knirschte mit den Zähnen, doch es blieb ihm kein Ausweg mehr und er schlug ein.

„Wunderbar!", sagte der Rattenfänger zufrieden. „Ihr geht jetzt alle nach Hause und bleibt in euren Häusern. Ich kümmere mich um die Ratten. Wenn ich alle vertrieben habe, komme ich wieder und erwarte meinen Lohn!"

„Den sollt Ihr bekommen", versprach der Bürgermeister und legte dabei treuherzig die Hand auf sein Herz. Dann drehte er sich um und herrschte seine Bürger an: „Los, auf nach Hause. Jeder geht in sein Haus und keiner rührt sich, ehe der Rattenfänger seine Arbeit verrichtet hat!"

Sofort waren alle Menschen verschwunden. Die Fenster und die Haustüren schlossen sich und im Nu war Hameln wie leer gefegt. Bis auf die Ratten, die sich nun ungestört auf den Plätzen und in den Straßen tummelten.

Hinter den geschlossenen Fenstern jedoch sah der Rattenfänger die Gesichter der Menschen, die sein Kunststück mit eigenen Augen beobachten wollten. Nun, das war für ihn kein Problem. In aller Ruhe holte er seine Flöte hervor, streichelte sie zärtlich und setzte sie an die Lippen. Dann begann er eine helle, seltsam wohlklingende Melodie zu spielen, die sich, da es im Städtchen so ruhig war, in alle Ecken verbreitete.

Und siehe da! Schon kam die erste Ratte zum Rattenfänger gelaufen. Dann die nächste und nächste, wieder eine und immer mehr Ratten drängten sich um den Rattenfänger, der nun langsamen Schrittes auf das Stadttor zuging. Immer weiter spielte der Rattenfänger diese ungewöhnliche Melodie und

die erstaunten Bürger von Hameln sahen offenen Mundes, dass selbst die kleinste Ratte aus dem hintersten Winkel herauskam und sich der großen Rattenprozession, die hinter dem Rattenfänger herlief, anschloss.

Nicht weit vom Stadttor Hamelns entfernt floss der Fluss Weser östlich an der Stadt vorbei. Genau dorthin lenkte der Rattenfänger nun seine Schritte. Natürlich hielt es die Hamelner Bürger vor Neugier nicht mehr in ihren Häusern. In gemessener Entfernung folgten sie dem Rattenfänger, denn sie wollten wissen, was der seltsame Mann mit den Ratten machen würde.

Als der Flötenspieler am Ufer des Flusses angekommen war und sich die Ratten dicht an dicht um ihn scharten, stimmte er plötzlich eine neue Klangfolge an. Als die Ratten diese neuen Töne vernahmen, sprangen sie alle wie von einem geheimen Befehl gezwungen in den Fluss hinein und ertranken.

Die Stadt Hameln war nun von der Rattenplage befreit und die Bürger jubelten vor Freude und Erleichterung. Nur eine Sache gefiel den Hamelnern gar nicht. 100 Gulden sollte dieser Flötenspieler dafür bekommen? Jeder musste mitzahlen? Das war nun doch zu unverschämt, fanden die meisten.

„Für das bisschen Flötenspielen ... das ist doch wirklich zu viel verlangt", begann der Metzger, dessen Würste nun in Sicherheit waren.

„Das hätte ich auch gekonnt, wenn ich eine Flöte hätte", sagte der Bäcker, dessen Getreide nun nicht mehr von den Ratten angefressen wurde.

„Wir haben uns übers Ohr hauen lassen. Das kleine Kunststück ist ja wohl kaum 100 Gulden wert", meinte auch der Bürgermeister.

Am nächsten Tag kam der Rattenfänger ins Rathaus, um seinen vereinbarten Lohn abzuholen. Der Bürgermeister rang die Hände, lächelte gequält und bot dem Mann einen Platz an.

„Ich möchte meinen vereinbarten Lohn. Schließlich habe ich die Ratten aus Hameln vertrieben, das habt Ihr selbst gesehen. Ich habe meinen Teil der Abmachung erfüllt. Nun erfüllt Ihr auch Euren!", forderte der Rattenfänger ernst.

„Ja, es stimmt schon, dass die Ratten weg sind, aber war das wirklich Euer Verdienst? Pardon, aber könnte es nicht sein, dass die Ratten sowieso gegangen wären? Euer kleines Flötenspiel war ja ganz nett, aber 100 Gulden sind dafür einfach zu viel. Wisst Ihr was? Ihr geht jetzt ins Wirtshaus und esst und trinkt dort, so viel Ihr wollt. Das geht alles auf Kosten der Stadt und wir sind quitt!", erklärte der Bürgermeister mit einem falschen Lächeln im Gesicht.

„Ihr wollt mir also meinen gerechten Lohn nicht geben? 100 Gulden waren abgemacht ...", fragte der Rattenfänger nochmals drohend.

Nun nahm das Gesicht des Bürgermeisters einen bösartigen Ausdruck an.

„Nein, nein und nochmals nein. 100 Gulden für ein bisschen Flötengedudel! Ihr seid wohl verrückt. Macht, dass Ihr weiterkommt, ehe ich meine Wache rufen lasse!"

Der Rattenfänger schwieg und blickte den Bürgermeister mit einem seltsamen Ausdruck in den Augen an. „Nun denn, ihr habt es so gewollt. Aber beklagt euch nicht, wenn euch Böses widerfährt!"

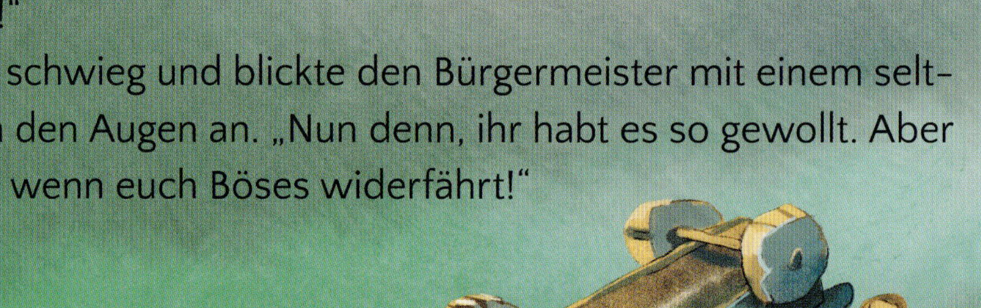

Er drehte sich um und verließ das Rathaus. Der Bürgermeister quittierte die Drohung des Rattenfängers mit einem verächtlichen Abwinken.

Als die Nacht über Hameln hereinbrach, gingen die Bürger mit ihren Familien zufrieden ins Bett. Die Ratten waren sie nun los und gekostet hatte es sie auch nichts. Doch die Geschichte war noch nicht zu Ende.

Als alle schliefen, betrat ein großer dünner Mann mit grünen Augen die Stadt. Er zog eine kleine Flöte aus der Tasche und begann eine leise, liebreizende und verführerische Melodie zu spielen, während er durch die Straßen und über die Plätze ging.

Nach und nach öffneten sich leise die Haustüren und von allen Seiten kamen die Kinder der Hamelner Bürger herbei. Kein einziges war im Bette geblieben, als es die süße Melodie des Rattenfängers hörte.

Mehr als hundert Kinder versammelte der Rattenfänger um sich, ehe er den Kindern voran die Stadt verließ. Er führte sie in eine tiefe Höhle und kein Bürger aus Hameln konnte sein Kind je wiederfinden. Nur die zwei kleinsten waren vom Weg abgekommen und hatten die Höhle nicht betreten. Sie wurden am nächsten Tag, als die Hamelner Bürger verzweifelt nach ihren Kindern suchten, weinend gefunden und konnten berichten, was geschehen war.

Wie bitter bereuten nun die Bürger aus Hameln, dass sie dem Rattenfänger seinen gerechten Lohn verweigert hatten. Statt der 100 Gulden hatte er ihre Kinder genommen und sie blieben für immer verschwunden.

Romulus und Remus

Lange bevor das Römische Reich entstand, gab es an der Stelle mit den sieben Hügeln, an der sich heute die mächtige Stadt Rom erhebt, nur Landschaft, Tiere und Pflanzen. Die Gründung der Stadt ist dem Streit zwischen den Königssöhnen Numitor und Amulius von Alba Longa zu verdanken.

Als deren Vater starb, hinterließ er das Reich seinem älteren Sohn Numitor. Amulius jedoch war neidisch und stieß seinen Bruder mit Gewalt vom Thron. Dann rief er sich selbst zum König aus und verbannte Numitor auf ein Landgut, fernab vom Königspalast. Doch von da an lebte Amulius in der Angst, dass ihm Numitor als der ältere Königssohn eines Tages die Krone wieder entreißen würde.

Numitor hatte eine kleine Tochter, die Rhea Silvia hieß. Amulius ließ das Mädchen vor seinen Thron bringen.

„Was sollen wir nur mit dir machen?“, fragte Amulius. Der grausame König betrachtete das Mädchen, das seinen forschenden Blick mit Tränen in den Augen, doch voller Stolz erwiderte.

„Wenn du mich tötest, wird das Volk dich dafür verachten“, sagte Rhea Silvia mutig.

König Amulius wog die Worte des Mädchens sorgfältig ab und kam zu einem, wie er meinte, weisen und gnädigen Entschluss.

„Du wirst eine Priesterin der Göttin Vesta!“, verfügte er und ließ Rhea Silvia in den Tempel bringen. Da Vestalinnen nie heiraten dürfen, war sich Amulius sicher, dass er damit jede Gefahr für seinen Thron abgewendet hatte.

Doch die Rachegötter, die man damals auch Furien nannte, ließen sich nicht betrügen. Sie bestraften Amulius' Frevel auf ihre eigene Weise.

Eines Tages beobachtete der Kriegsgott Mars Rhea Silvia beim Wasserholen. Sie sah dabei so lieblich aus, dass sich der mächtige Gott unsterblich in sie verliebte. Er erschien ihr in der Gestalt eines schönen, starken Mannes und bat um ihre Liebe. Obwohl Rhea Silvia zunächst Angst verspürte, drangen die sanften Worte des Gottes doch in ihr Herz und sie verliebte sich in ihn. Neun Monate später gebar sie Zwillinge. Nun musste sie ihre Strafe annehmen, denn als Priesterin hätte sie niemals Kinder bekommen dürfen. König Amulius war erleichtert, dass er die Tochter seines verbannten Bruders Numitor und dessen Enkel endlich loswerden konnte und ließ Rhea Silvia in die Fluten des Stromes Tiber werfen. Doch Rhea ertrank nicht!

Der Gott des Stroms verlieh ihr Unsterblichkeit, und nahm sie zur Gemahlin. Auch die beiden Neugeborenen verschonte der Flussgott. Er ließ den Korb mit den beiden Kindern weit stromabwärts treiben, bis sie an ein seichtes Ufer gelangten.

Dort hörte zufällig eine große Wölfin das Wimmern der Kinder. Sie suchte nach dem Ursprung des Geräuschs und fand die schutzlosen Säuglinge. Die Wölfin war barmherziger als die Menschen. Sie trug die Kinder vorsichtig zu ihrer Höhle und nährte und beschützte sie.

Einige Wochen später entdeckte der Hirte Faustulus die Wölfin und verjagte sie. Wie staunte er, als er zu ihrer Höhle kam und dort zwei quietschfidele Säuglinge vorfand, denen es anscheinend an nichts gemangelt hatte. Faustulus nahm die beiden Kinder mit nach Hause zu seiner Frau.

„Sieh, Frau, was ich im Wald gefunden habe! Zwei wunderschöne kleine Jungen! Sie müssen den Göttern sehr viel wert sein, denn offenbar wurden sie ausgesetzt und von einer Wölfin gesäugt!“

Seine Frau schloss die beiden Kinder sofort in ihr Herz. „Du hast recht daran getan, die beiden Kleinen herzubringen. Wir werden uns gut um sie kümmern und sie zu ehrbaren Männern erziehen“, sagte sie glücklich.

Und so geschah es auch. Sie nannten die beiden Brüder Romulus und Remus. Die beiden Jungen wuchsen zu starken Männern heran. Wenn sie ihre Herden auf dem Hügel Palatin grasen ließen, lieferten sie sich oft Kämpfe

mit den Hirtenjungen, die ihre Tiere auf dem Hügel Aventin weiden ließen. Bei einem dieser Kämpfe wurde Remus gefangen genommen und vor den früheren König Numitor, zu dessen Landgut der Hügel Aventin gehörte, geführt.

Der alte Hirte Faustulus hatte große Angst um Remus, deshalb entschloss er sich, das streng gehütete Geheimnis der Herkunft von Romulus und Remus zu lüften. Er ließ sich vor Numitor führen und fiel auf die Knie: „Bitte verzeih mir! Remus und auch Romulus sind meine beiden Ziehsöhne. Ich habe sie bei einer Wölfin gefunden, die die Kinder säugte. Meine Frau und ich haben die Buben dann aufgezogen. Alles geschah zu der Zeit, als eure Tochter Rhea Silvia in die Fluten des Tiber geworfen wurde. Es könnten eure Enkelsöhne sein!“

Zunächst konnte Numitor kaum glauben, was ihm Faustulus erzählt hatte. Doch als er sich Romulus und Remus genau betrachtete, sah er ihre Ähnlichkeit mit seiner geliebten Tochter. Nach so langer Zeit konnte Numitor seine verloren geglaubten Enkel endlich in die Arme schließen.

Die Zwillinge hingen schnell mit großer Liebe an ihrem Großvater. Umso wütender wurden sie, als sie hörten, wie sein Bruder Amulius den Thron an sich gerissen hatte und wie grausam er mit ihrer Mutter verfahren war.

„Der soll unsere Rache fühlen“, schworen die beiden Brüder. „Amulius muss vom Thron verschwinden und unser Großvater Numitor, der der wahre König von Alba Longa ist, soll wieder die Krone tragen!“

Romulus und Remus zögerten nicht lange. Sie sammelten ein kleines Heer von mutigen Männern um sich und stürmten den Königspalast. Romulus tötete den unrechtmäßigen König Amulius und unter großem Jubel wurde Numitor wieder als König von Alba Longa eingesetzt.

Das Herz der beiden Brüder hing jedoch immer noch an ihrer alten Heimat, dem weiten Bezirk am Tiber, den Hügeln Aventin, Palatin, Quirinal, Kapitol, Viminal, Esquilin und Caelius, in deren Schatten sie aufgewachsen waren. Numitor, der seinen Enkeln sehr dankbar war, schenkte ihnen diesen großen Bezirk, damit sie sich dort ihre eigene Stadt und Herrschaft aufbauen konnten.

Romulus und Remus hatten sich bislang noch nie ernsthaft gestritten. Als es jedoch darum ging, wo die neue herrliche Stadt gegründet werden und

wie sie heißen sollte, gingen ihre Meinungen auseinander. Romulus wollte die Grundsteine auf dem steilen Hügel des Palatins legen.

Remus jedoch bevorzugte den lang gestreckten Hügel des Aventin. Jeder der stolzen Brüder sammelte eine Gefolgschaft hinter sich, die sich gegenseitig beschimpfte.

Als sich der Streit der Brüder mit Worten nicht schlichten ließ, beschlossen sie, die Götter entscheiden zu lassen. Die Männer des Remus versammelten sich auf dem Aventin, die des Romulus auf dem Palatin. Alle warteten auf ein Zeichen der Götter. Der Tag verging, die Nacht brach herein und nichts geschah. Doch dann, im Grau der Morgendämmerung, flogen plötzlich sechs Geier über den Aventin hin.

Remus wertete dies als eindeutiges Zeichen der Götter. „Hier, genau hier soll die neue Stadt entstehen!", rief er beglückt aus.

Doch nur wenige Minuten später zogen zwölf Geier über den Palatin hinweg. „Bei mir waren es zwölf Vögel, doppelt so viele wie bei dir, Bruder! Das ist das eindeutige Zeichen, dass die Götter die neue Stadt hier sehen wollen!", rief Romulus voller Überzeugung.

„Meine Geier kamen früher!", schrie Remulus zurück.

„Und meine waren doppelt so viele", entgegnete Romulus wütend.

Die beiden Zwillingsbrüder konnten und konnten sich nicht einig werden, doch zu Romulus hielt die Mehrzahl der Männer. Remus musste sich geschlagen geben. Doch er tat dies mit Groll im Herzen.

Romulus machte sich mit Feuereifer daran, eine Furche zu ziehen, die die Grenzen der neuen Stadt darstellen sollte. Auch eine kleine Mauer und die Grundrisse von Gebäuden wurden mit Steinen gelegt.

Remus beobachtete seinen Bruder argwöhnisch. Neid und Missgunst erfüllten sein Herz. Er stand von dem Felsen auf, von dem aus er Romulus bei dessen fleißigem Tun beobachtet hatte, und schlenderte zu Romulus' Stadtgrenze. Plötzlich sprang er über die niedrige Mauer ins Innere von Romulus' Anlage. „Oh, sehr schwierig ist das ja nun nicht, in deine großartige Stadt zu gelangen, liebster Bruder!", lachte Remus höhnisch.

Romulus nahm diese Demütigung nicht ohne Zorn hin. Er lief zu seinem Bruder, ergriff ihn und schon wälzten sich die Zwillingsbrüder im heftigen Ringkampf auf dem Boden. Romulus schaffte es, wieder auf die Füße zu kommen und zerrte auch seinen Bruder Remus auf die Beine. Dann versetzte er ihm einen harten Faustschlag, sodass Remus nach hinten stolperte und unglücklich mit dem Kopf auf einen aus dem Boden ragenden Felsen aufschlug.

Romulus erschrak, als er seinen Bruder leblos daliegen sah. Er kniete sich nieder, nahm den blutigen Kopf des toten Bruders in seinen Schoß und beweinte bitterlich das Schicksal, das ihn zum Mörder seines eigenen Bruders gemacht hatte. Er bestattete Remus mit allen ihm gebührenden Ehren. Doch zeit seines Lebens litt er darunter, dass er Remus' Tod verschuldet hatte.

Zwar wuchs die von Romulus gegründete Stadt, der er den Namen Rom gegeben hatte, schnell. Dennoch traten immer wieder Seuchen und Missernten auf. Romulus führte dies auf seine Tat an Remus zurück. Er litt noch immer unter seiner schrecklichen Tat und bereute diese zutiefst. Schließlich setzte er den Toten als Mitregenten Roms ein. Neben seinen eigenen Thron stellte er einen zweiten für Remus, darauf lagen Remus' Zepter und Krone – ganz so, als würde Remus noch leben und als würden die Brüder gleichberechtigt die Stadt regieren. Von da an gedieh Rom und wurde immer reicher und mächtiger.

Die große Liebe

Orpheus und Eurydike

Vor vielen, vielen Jahren galt Orpheus als der berühmteste Sänger Griechenlands. Sein Vater war der Flussgott Oiagros, seine Mutter hieß Kalliope und war die Muse der Heldendichtung. Der Gott Apollon liebte den Gesang des Orpheus so sehr, dass er ihm eine Leier schenkte. Jedes Mal, wenn Orpheus auf dem Instrument spielte und dazu sang, waren alle Zuhörer so gerührt, dass sie alles stehen und liegen ließen, um Orpheus zu lauschen. Die Traurigen wurden wieder froh, die Verzweifelten schöpften neue Hoffnung und die Grausamen wurden sanft und milde. Die Tiere hielten inne, um Orpheus zuzuhören, und sogar die Bäume und Felsen näherten sich, wenn Orpheus die Leier schlug und dazu sang.

Der Sänger hatte eine schöne und liebevolle Frau mit Namen Eurydike. Die beiden waren sehr glücklich miteinander. Oftmals saßen sie vor ihrem Haus, Orpheus machte Musik, Eurydike schmiegte sich zärtlich an ihren Mann und die Tiere kamen herbei, um den Klängen zu lauschen.

Doch das Glück währte nicht lang. Eurydike wurde krank und starb in den Armen ihres Mannes. Orpheus verzweifelte an diesem Schicksalsschlag. „Wie soll ich weiterleben ohne meine geliebte Eurydike?“, klagte er.

Seine Musik, die immer so fröhlich und heiter gewesen war, klang nun nach Schmerz und Verzweiflung. Seine Lieder wurden so traurig, dass die Vögel weinten und die wilden Tiere sich leise in ihre Höhlen zurückschlichen.

Eines Tages fasste Orpheus einen Entschluss: „Ich werde in das Totenreich hinuntersteigen und meine Eurydike wieder zu mir heraufholen!“

Überall fragte er, wo der Eingang zur Unterwelt liege. Keiner wusste es genau, doch ein uralter Mann, der den Helden Herakles noch gekannt hatte, konnte ihm den Weg beschreiben. „Der Eingang zum Schattenreich liegt bei dem Vorgebirge Tainaron auf dem Peleponnes“, verriet er dem untröstlichen Witwer.

Orpheus schnallte sich seine Leier um, wanderte zum Eingang und stieg ohne Angst tief hinab in das dunkle Reich des Todes.

Gruselig war der Weg, den Orpheus beschritt. Die Schatten der Toten umschwebten und begleiteten ihn, bis er endlich das Herrscherpaar der Unterwelt gefunden hatte. Der bleiche Gott Hades und seine strenge Gattin Persephone saßen auf ihrem Thron und blickten überrascht auf Orpheus, der umringt von den Schatten vor ihnen niederkniete.

„Ich komme zu euch, um für meine tote Gattin Eurydike zu bitten. Sie war viel zu jung zum Sterben. Ich will euch von ihr singen", sagte Orpheus und holte seine Leier hervor. In seinem Lied erzählte er, wie schön sie gewesen war, wie anmutig und wie zärtlich sie ihren Mann Orpheus geliebt habe.

„Bedenke, edle Persephone, wie sehr du deinen Gatten Hades liebst! Ich bitte euch, ihr großen Götter, gebt mir meine Eurydike wieder, damit ich weiterleben kann!", schluchzte Orpheus. Dabei sang er so wunderbar und

herzzerreißend, dass sogar die Schatten der Toten weinten und Kerberos, der schreckliche Höllenhund, sich still niederlegte und seine drei mächtigen Köpfe auf die Pfoten bettete.

Auf der ganzen Welt stand das Leben für einen Moment still. Die Krieger hörten auf zu kämpfen, die Bauern ließen den Pflug stehen und sogar der Lauf des Wassers hielt inne. Zum ersten Mal in der Geschichte war auch das Herrscherpaar der Unterwelt von Mitleid bewegt. Persephone legte ihrem Gatten Hades bittend die Hand auf den Arm, während ihr eine Träne über die Wange rollte. Es war die einzige Träne, die Persephone jemals vergossen hat.

„Gehe zurück zum Licht, Orpheus. Deine Eurydike wird dir folgen. Doch höre genau zu: Du darfst dich nicht nach ihr umdrehen, bis du die Unterwelt verlassen hast. Wenn du dich vorher umsiehst, wird sie für ewig verloren sein und hier bei den Toten bleiben müssen!", sagte Persephone und wischte sich die Träne von der Wange.

Orpheus dankte dem Herrscherpaar von Herzen, nahm seine Leier und trat den Weg nach oben an, auf die Erde, zu den Lebenden. Manchmal blieb er stehen und lauschte, ob er den Atemzug seiner geliebten Eurydike hören könnte. Doch es war totenstill. Ob sie ihm wirklich folgte?

Orpheus war schon fast am Ziel angelangt, da hielt er die Ungewissheit nicht mehr aus. Ganz schnell blickte er sich um. Doch welch ein Unglück! Da war seine geliebte Eurydike, die flehentlich die Hände nach ihm ausstreckte und wieder zurück in das Reich der Schatten schwebte. Nun war sie endgültig verloren.

Sogleich stürzte Orpheus zurück in die Unterwelt. Noch einmal versuchte er sein Glück bei Hades und Persephone. Doch dieses Mal ließen sich die Götter nicht erweichen. „Du hast deine Chance vertan. Eurydike gehört nun uns", sprach Hades unerbittlich.

Orpheus blieb nichts anderes übrig, als allein in die Oberwelt zurückzukehren. Fortan sang er nur noch traurige, verzweifelte Lieder über Eurydike, die er gleich zweimal verloren hatte. Und wer auch immer ihn hörte, begann zu weinen.

Rübezahl

Im großen Riesengebirge herrschte vor langer Zeit ein mächtiger Berggeist. Ein ganzes Heer von Kobolden, Gnomen, Elfen und Zwergen hörte auf seinen Befehl. Unter der Erde war sein Reich riesig, über der Erde jedoch besaß er nur kleine Ländereien. Die meiste Zeit lebte der Berggeist, der unsterblich war und jede Gestalt annehmen konnte, in seinem herrlichen Palast unter der Erde. Manchmal aber hatte er Sehnsucht nach dem Tageslicht, nach der Sonne und auch nach Gesellschaft.

Eines Tages, als der Berggeist wieder einmal ruhelos auf der Erde spazieren ging, hörte er plötzlich das Lachen und Singen junger Mädchen. Er schlich näher heran und sah, dass Prinzessin Emma, deren Vater König des nahe gelegenen Reiches war, sich mit ihren Freundinnen am Fluss vergnügte. Sie spielten im Wasser, banden sich gegenseitig Blütenkränze und lachten unbeschwert.

Der Berggeist freute sich am Anblick der jungen Mädchen und ihrer Lebhaftigkeit. Am besten gefiel ihm die schöne Prinzessin Emma mit ihrem goldenen Haar. Als die jungen Frauen sich auf den Weg nach Hause machten und der Fluss wieder ruhig vor sich hin plätscherte, wurde der Berggeist sehr traurig. Er fühlte sich allein und verlassen.

Von nun an stieg er jeden Tag zur Erdoberfläche, genau an die Stelle, wo er die Mädchen gesehen hatte, und hoffte, dass sie wiederkämen. Als sie nicht wiederkehrten, erschuf der Berggeist aus Langeweile im Fluss eine wunderschöne, verzauberte Wasserlandschaft mit Springbrunnen, Becken aus Marmor und Wasserläufen.

Eines Tages jedoch hatte Prinzessin Emma Lust, wieder einmal zum Fluss zu spazieren. Als sie mit ihren Freundinnen dort eintraf, blieb ihr vor Staunen der Mund offen stehen. „Wie schön das alles ist! Wer mag das nur gebaut haben?", fragten sich die Mädchen, wagten aber nicht, die Becken zu betreten.

Prinzessin Emma war die Mutigste. „Soll ich hineinsteigen? Es ist so wunderschön! Niemals kann etwas so Schönes böse sein. Ich wage es einfach", rief Emma und stieg in das Becken.

Doch sobald sie einen Fuß hineingesetzt hatte, versank sie in der Erde. Ihre Freundinnen waren entsetzt und wollten sie an den Haaren festhalten. Aber es half nichts – Prinzessin Emma war verschwunden. Der Berggeist hatte sie zu sich geholt.

In Windeseile liefen die Mädchen heim und erzählten dem König, was passiert war. Der ritt sofort zu der Stelle am Fluss, aber dort war nichts mehr von den Wasserspielen zu sehen. Nur der Fluss strömte träge an ihm vorbei. Der König musste traurig und allein nach Hause zurückkehren.

In der Zwischenzeit hatte sich Emma von ihrem ersten Schreck erholt. Sie war in den prächtigen Palast des Berggeistes gelangt und blickte sich mit Staunen und Verzücken um. Da erschien ihr der Berggeist in der Gestalt eines schönen jungen Mannes in seidenem Gewand. Er zeigte ihr alle Gemächer des Palastes und war so aufmerksam und lieb zu ihr, dass Emma zunächst ganz zufrieden war. Nach einigen Tagen jedoch überkam Emma eine große Traurigkeit. Sie fühlte sich einsam und gefangen.

Der Berggeist bemerkte den traurigen Blick der Prinzessin. „Was hast du, geliebte Emma?", fragte er.

„Ich bin so allein. Mir fehlen meine Freundinnen", antwortete sie unglücklich.

„Warte einen Moment, ich will dir helfen", sagte der Berggeist und eilte an die Erdoberfläche. Dort grub er einen Korb voll Rüben aus und brachte ihn Emma.

„Was soll ich damit?", fragte sie verständnislos.

„Wenn du eine Rübe berührst, wird sie zu dem Wesen, das du dir wünschst", erklärte der Berggeist.

Da lachte Emma und berührte die erste Rübe: „Liebste Irene, bitte komm zu mir!"

Schon stand ihre beste Freundin neben ihr. Emma war glücklich, und nach und nach erschuf sie sich ihren ganzen Hofstaat. Lachen und Singen füllte den Palast des Berggeistes. Drei und gar vier Tage später aber bemerkte Emma mit Entsetzen, dass ihre Freundinnen täglich älter wurden. Nach sechs Tagen kamen sie ihr als alte Frauen am Krückstock entgegen.

Voller Zorn rief sie den Berggeist. „Du boshafter Geist, was hast du mit meinen Freundinnen gemacht?", fragte sie wütend.

Der Berggeist antwortete: „Deine Freundinnen haben nur die Lebensdauer einer Rübe. Wenn sie verwelkt ist, sterben auch deine Freundinnen, liebste Emma!"

„Dann hole mir frische Rüben", forderte Emma.

Traurig schüttelte der Berggeist den Kopf. „Das kann ich nicht. Auf der Erde ist Winter. Da kann ich keine Rüben pflanzen."

„Wenn du mich wirklich liebst, dann wirst du mir Rüben bringen oder ich werde dich mit Nichtachtung strafen“, drohte Emma.

Der Berggeist schlich betrübt davon. Er wollte Emma jeden Wunsch erfüllen, aber wie sollte er im Winter Rüben ziehen?

Plötzlich schlug er sich mit der flachen Hand auf die Stirn. „Wie dumm ich bin! Ich habe doch meine Zwerge und das unterirdische Feuer! Damit kann ich einen Acker beheizen und Rüben pflanzen!“, rief der Berggeist aus.

Schnell trommelte er die Zwerge herbei und ließ das Feuer schüren, um einen Acker zu erwärmen. Als die Erde schön mollig warm war, ließ er Rüben säen. Die wuchsen schnell und der Berggeist konnte es kaum erwarten, Emma welche davon zu bringen. „Wie wird sie sich freuen“, dachte er hoffnungsvoll.

Doch Prinzessin Emma hatte andere Pläne. Sie wollte nicht länger unter der Erde leben und mit verwandelten Rüben sprechen. Sie wollte zurück zu ihrem Vater. Auch hatte sie große Sehnsucht nach ihrem Verlobten, Prinz Ratibor, den sie sehr liebte.

Deshalb hatte sie heimlich eine kleine Rübe zurückbehalten, die sie nun in eine Taube verwandelte und mit einer Nachricht zu ihrem Verlobten schickte. „Erwarte mich in zwei Tagen an der Grenze, wo das Reich des Berggeistes endet. Dorthin werde ich kommen“, stand auf dem Zettel zu lesen.

Währenddessen hatte der Berggeist einen Korb voll Rüben geerntet und lief damit freudig zu Prinzessin Emma. „Hier hast du Rüben, geliebte Emma!"

Die Prinzessin besah sich den Korb und richtete dann ihre Augen auf den Berggeist. „Das hast du gut gemacht, mächtiger Berggeist. Doch du sollst mir deine große Liebe noch einmal beweisen, erst dann kann ich dir glauben und bei dir bleiben."

Der Berggeist fiel ihr zu Füßen und versprach: „Ich werde alles tun, was du von mir verlangst, liebste Emma!"

„Dann gehe hin und zähle die Rüben auf deinem Acker. Aber verzähle dich nicht, Berggeist! Wenn du dich auch nur um eine Rübe verzählst, werde ich nicht an deine Liebe glauben", verkündete die Prinzessin.

„Das ist schnell getan", antwortete der Berggeist fröhlich und eilte davon, um die Rüben auf dem Acker zu zählen. Als er sie gezählt hatte, wollte er sichergehen, dass er sich nicht verzählt hatte, und zählte sie noch ein zweites Mal. Da aber kam eine andere Zahl heraus. „Jetzt muss ich sie noch einmal zählen", stöhnte der Berggeist und begann von Neuem. Er zählte wieder und wieder und jedes Mal kam er zu einem anderen Ergebnis.

Unterdessen war Prinzessin Emma nicht untätig. Sie verwandelte eine Rübe in ein schnelles Pferd, setzte sich darauf und floh aus dem Reich des Berggeistes, so schnell sie konnte.

Nach langem Zählen war sich der Berggeist endlich der richtigen Zahl der Rüben sicher. Er lief zurück in seinen Palast, um Emma davon zu berichten. Als er sie jedoch nirgendwo finden konnte, wusste er, dass er betrogen worden war. Außer sich vor Zorn eilte der Berggeist auf den Gipfel des höchsten Berges seines Reiches. Von dort sah er eben noch Prinzessin Emma, wie sie die Grenze seines Reiches überschritt und dem Prinzen Ratibor, der dort auf sie wartete, in die Arme fiel. Wütend schrie der Berggeist: „Du hast mich belogen und betrogen!"

Doch Emma wandte sich nur um und rief spöttisch zurück: „Sag, wie viele Rüben hast du gezählt? Rübezahl! Rübezahl!" Dann kehrte sie dem Berggeist den Rücken zu und ritt mit ihrem Verlobten davon.

Der Berggeist kehrte mutlos und verbittert in sein unterirdisches Reich zurück. Nie mehr wollte er etwas mit den Menschen zu tun haben. Seit dieser Zeit aber nannten ihn alle nur noch „Rübezahl".

Philemon und Baukis

Eines Tages langweilten sich der große Göttervater Zeus und sein Sohn Hermes ganz schrecklich. Auf dem Olymp, wo sie mit den anderen Göttern wohnten, passierte rein gar nichts. Hermes gähnte unaufhörlich und der Göttervater Zeus drehte Däumchen. Er überlegte und überlegte, wie er der schrecklichen Langeweile entkommen könnte.

„Ha!", rief er plötzlich und sprang auf. „Ich habe eine Idee! Hast du Lust, mit mir etwas auszuprobieren, Hermes?"

„Natürlich, Vater! Ich bin bei allem dabei, was mich vom Nichtstun ablenkt. Aber erzähle, was hast du dir ausgedacht?", fragte Hermes und schlüpfte schon in seine Flügelschuhe.

„Zieh sie wieder aus, Hermes", sagte Zeus und deutete auf die Flügelschuhe. „Wir brauchen sie nicht. Vor allem aber will ich nicht, dass uns jemand erkennt. Und deine Schuhe sind nicht gerade unauffällig."

Hermes wunderte sich immer mehr, zog aber die Schuhe wieder aus. „Was hast du bloß vor, Vater?", fragte er neugierig.

„Wir stellen die Menschen auf die Probe! Das ist immer unterhaltsam, denn Menschen verhalten sich manchmal sehr ungewöhnlich", erklärte Zeus, während er sich kleidete wie ein gewöhnlicher Wanderer. „Zieh auch du dich an wie ein Mensch, Hermes. Deinen Stab kannst du meinetwegen mitnehmen. Der sieht aus wie ein Wanderstab."

Als beide wie ganz gewöhnliche Wanderer aussahen, begaben sie sich auf die Erde.

„Ich will wissen, wie gastfreundlich die Menschen sind, wenn Fremde an ihre Türe klopfen. Das interessiert mich schon lange", erklärte Zeus, als sie durch ein Dorf in Phrygien wanderten.

Sie entschieden sich für ein Haus und klopften an die Tür. Ein Mann steckte den Kopf heraus. „Was wollt ihr?", fragte er misstrauisch.

„Wir bitten um ein bisschen Essen und einen Platz zum Schlafen", sprach Zeus. „Wir sind arm und sehr müde vom Wandern."

Der Mann, bei dem sie geklopft hatten, verzog verärgert sein Gesicht. „Bei mir gibt es nichts für euch. Geht weiter!", fuhr er die beiden Götter an und schlug ihnen die Tür vor der Nase zu.

Zeus und Hermes blickten sich wortlos an und gingen zum nächsten Haus. Auch hier baten sie um Essen und eine Schlafstatt. Doch wieder wurden sie unfreundlich abgewiesen. Sie klopften noch bei vielen Häusern an, aber nirgends wurden sie hereingebeten.

„Haut ab, ihr nichtsnutziges Pack! Wir haben für Fremde nichts zu essen und zu schlafen! Macht, dass ihr wegkommt!", schrie man die beiden verkleideten Götter an. Ein Mann stieß sie gar von der Türschwelle, sodass Hermes zu Boden stürzte.

„Ich habe genug gesehen. Die Menschen sind doch ein schreckliches Volk! Es gibt keine Gastfreundschaft auf der Erde. Lass uns heimkehren, Vater", schimpfte Hermes.

Doch Zeus schüttelte den Kopf. „Ich kann es nicht glauben. Noch eine Chance will ich den Menschen geben. Siehst du das kleine Haus dahinten? Dort versuchen wir ein letztes Mal unser Glück. Wenn wir auch dort abgewiesen werden, gebe ich auf", seufzte Zeus.

Mit wenig Zuversicht im Herzen wanderten sie zu dem ärmlichen Häuschen am Rande des Dorfes und klopften an.

In dem Haus wohnte seit vielen Jahrzehnten das Ehepaar Philemon und Baukis. Hier hatten sie ihre Jugend gemeinsam durchlebt und waren in inniger Liebe alt, gebückt und weißhaarig geworden. Ihre Armut ertrugen sie mit Heiterkeit.

Als Zeus und Hermes in der Tür standen und um Einlass baten, winkten die beiden Alten die Gäste herein und führten sie zu ihren einzigen Stühlen.

Zeus sah seinen Sohn mit hochgezogenen Augenbrauen an, als wollte er sagen: „Siehst du, die Menschen sind doch nicht so schlecht!"

Die Götter nahmen auf den wackeligen Stühlen Platz, während das alte Mütterchen ein Feuer entfachte, um ein karges Essen zu kochen. Der Alte holte ein Stück geräuchertes Fleisch, das für festliche Gelegenheiten aufgespart worden war, und reichte es den Gästen. Dazu gab es noch Obst, Nüsse und Beeren, ja sogar Honig holten die beiden Alten herbei.

„Wir freuen uns sehr, dass ihr hier seid. Lasst es euch schmecken“, sagte das Mütterchen, und der Alte legte ihr seine Hand auf die Schulter und sah den beiden Fremden freundlich beim Essen zu. Anschließend schleppten Philemon und Baukis eine Schüssel mit Wasser heran, um die Füße der Wanderer zu waschen, und bereiteten den Gästen ein einfaches Lager.

„Das Schönste an diesem Tag seid ihr! Ihr strahlt vor Güte“, sagte Zeus.

Während sie beisammensaßen und aßen, bemerkte Philemon, dass sich der Weinkrug, sooft er auch geleert wurde, immer wieder aufs Neue füllte. Da erkannte der alte Mann, dass ihre Gäste keine normalen Menschen sein konnten.

„Baukis, ich glaube, wir bewirten zwei Götter“, sagte er zu seiner Frau.

Die bekam einen riesigen Schreck. Zitternd knieten sich die beiden Alten vor Zeus und Hermes auf den Boden und flehten: „Bitte, ihr Götter, nehmt uns die einfachen Speisen und das karge Lager nicht übel! Wir können euch nicht mehr anbieten, da wir selbst nicht mehr haben!“

Zeus sprang auf und half den beiden Alten wieder auf die Beine. Freundlich sagte er zu ihnen: „Habt keine Angst! Ich bin Zeus und dies ist mein Sohn Hermes. Wir sind auf die Erde gekommen, um die Gastlichkeit der Menschen zu prüfen. Eure Nachbarn haben uns verjagt. Sie sind böse und sollen ihre Strafe erhalten. Ihr aber sollt belohnt werden für eure Gastfreundschaft. Folgt uns auf die Höhe des Berges, damit ihr geschützt seid“, sagte Zeus zu Philemon und Baukis.

Mühsam schleppten sich die beiden Alten mit den Göttern den Berg hinauf. Als sie oben waren und sich umdrehten, sahen sie, dass das ganze Dorf von einem großen See verschlungen worden war. Nur ihr eigenes Häuschen war verschont geblieben. Vor ihren Augen verwandelte es sich in einen großen, schönen Tempel mit goldenem Dach. Philemon und Baukis waren sprachlos.

„Was wünscht ihr euch von mir?“, fragte Zeus freundlich.

Voller Ehrfurcht antwortete Philemon: „Wir wollen in diesem schönen Tempel eure Priester sein. Und noch eine zweite Bitte haben wir“, sagte er und drückte zärtlich Baukis’ Arm. „Wir haben unser ganzes Leben glücklich miteinander verbracht. Lasst uns gemeinsam sterben, damit nicht einer von uns am Grab des anderen weinen muss!“

„So soll es sein“, antwortete Zeus.

Fortan dienten Philemon und Baukis als Priester im Tempel mit dem goldenen Dach. Als ihre Lebenszeit vorüber war, wurden sie im selben Moment, gerade als sie Hand in Hand vor dem Tempel standen und über ihr schönes Leben nachdachten, zu zwei Bäumen. Philemon wurde zu einer Eiche, Baukis zu einer Linde. Noch im Tode stehen sie unzertrennlich beieinander, gerade so, wie sie es im Leben getan haben.

Der Pfeil des Eros

Auch im griechischen Götterhimmel, dem Olymp, herrschte nicht immer Harmonie. Ganz ähnlich wie bei den Menschen neckten die Götter einander und stritten sich.

Apollon hatte es vor allem auf den kleinen Gott Eros abgesehen. Eros sah aus wie ein kleines Kind, dabei war er der Gott der Liebe. Stets trug er Pfeile und Bogen in einem goldenen Köcher bei sich. Wenn Eros einen Pfeil auf jemanden abschoss, verliebte sich derjenige unsterblich in die Person, in die er sich nach dem Willen des Eros verlieben sollte. Daher fürchteten viele den kleinen Eros, denn wer verliebt ist, kann kaum klar denken und ist nicht mehr Herr seiner selbst. Der Gott Apollon jedoch fürchtete den kleinen Eros nicht.

„Wozu brauchst du denn einen Bogen und Pfeile, Kleiner? Du kannst ja nicht mal auf die Jagd gehen, so winzig wie du bist", spottete Apollon eines Tages, als sich die Götter wieder einmal auf dem Olymp tummelten.

Eros wurde rot vor Zorn. „Wenn du wüsstest, welche Wunden meine Pfeile schlagen können, würdest du dich nicht über mich lustig machen", erwiderte er und hielt seinen Bogen ganz fest.

Apollon aber lachte nur. „Oh, jetzt fürchte ich mich! Doch wenn ich es recht überlege: Mehr als einen Kratzer können deine Pfeile sicher nicht anrichten. Für mich wäre solch ein kleiner Pfeil wie eine lästige Mücke, die ich mit einer Hand zerschlage. Gib nicht so an, du Winzling!", schmähte Apollon den kleinen Eros.

Da wurde es dem Liebesgott zu bunt. Er sprang auf und spannte seinen Bogen: „Du hast es nicht anders gewollt, Apollon! Mein Pfeil wird dich treffen und nie wieder wirst du dich von diesem Kratzer erholen!", rief er und schoss den Pfeil ab.

Der Pfeil traf Apollon über dem Herzen. Der lachte nur und wischte den Pfeil verächtlich weg. „Schau her, Eros, ich wische deinen Pfeil weg wie ein Insekt! Er hat mir nichts getan!", höhnte Apollon großspurig. Eros aber lächelte fein und ging weg.

Plötzlich begann Apollon, sich ganz seltsam zu fühlen. Mal wurde ihm heiß, dann wieder kalt. Sein Herz klopfte schneller. Schließlich entschloss er sich, einen Ausflug auf die Erde zu unternehmen, um das merkwürdige Gefühl loszuwerden.

Als er in einem Wald spazieren ging, erblickte er durch das Dickicht die Nymphe Daphne, eine Tochter des Flussgottes Peneios. Sie erschien ihm so wunderschön, so lieblich und so herrlich, dass er unbedingt mit ihr zusammensein wollte. Genau das hatte der kleine Pfeil bewirkt: Apollon hatte sich leidenschaftlich in Daphne verliebt. Doch damit nicht genug. Mit dem Pfeil der Liebe hatte Eros den Apollon getroffen, damit er Daphne liebe. Mit dem Pfeil des Hasses verwundete er Daphnes Herz, damit sie Apollon verabscheue. Das war die Rache des Eros: Apollon liebte Daphne, doch Daphne ekelte sich vor Apollon.

Der jedoch wusste von nichts und flehte Daphne auf Knien an. „Liebste Daphne, du bist so schön und wunderbar! Ich liebe dich so sehr, dass ich nicht mehr schlafen und essen kann! Bitte erhöre mich und werde meine Frau“, bat er Daphne immer wieder voll Leidenschaft.

Daphne aber wandte sich mit Grausen von Apollon ab. „Geh weg von mir, ich kann deine Anwesenheit nicht ertragen. Du bist mir zuwider! Lass mich in Ruhe!", schrie sie ihn an. Doch Apollon konnte einfach nicht von ihr lassen. Da drehte sich Daphne in höchster Not um und floh.

„Warte auf mich, liebste Daphne! Ich liebe dich doch", rief Apollon in leidenschaftlicher Verblendung und jagte der Flüchtenden hinterher. Und wie sie so lief mit wehendem Haar, erschien sie ihm noch schöner und begehrenswerter.

Daphne rannte, als wäre der Teufel hinter ihr her. Eros' Pfeil der Abscheu wirkte in ihr so tief und heftig wie der Pfeil der Liebe bei Apollon. Sie lief und lief, bis sie keine Kraft mehr hatte. Schon sah sie Apollon näher kommen, schweißglänzend und mit gierigen Augen.

Nun wusste sie keinen Rat mehr und sie flehte ihren Vater, den Flussgott Peneios an: „Bitte, lieber Vater, gib mir eine andere Gestalt, damit Apollon mich in Ruhe lässt. Ich kann ihn nicht ertragen und er jagt mich zu Tode!"

Peneios hörte den Hilfeschrei seiner Tochter und handelte. Im nächsten Moment verwandelte sich die schöne Gestalt der Daphne. Ihre Haare wurden zu Laub. Ihre Arme wurden zu Ästen. Ihre Füße verwandelten sich zu Wurzeln und ihr schönes Gesicht wurde zu einem Baumwipfel. Daphne hatte sich in einen Lorbeerbaum verwandelt.

Mit Entsetzen beobachtete Apollon die Verwandlung seiner geliebten Nymphe. Weinend stand der Gott vor dem Baum und küsste und herzte die Blätter und Äste. Doch selbst die Blätter wichen vor seinen Liebkosungen zurück. Apollon war verzweifelt, aber er konnte die Verwandlung nicht rückgängig machen. Schluchzend band er sich aus den Lorbeerblättern einen Kranz, den er von nun an immer auf dem Kopf trug. Den kleinen Liebesgott Eros jedoch verspottete er fortan nie mehr.

Der Faden von Ariadnes Liebe

In Athen lebte einst der mächtige König Ägeus. Er war mit einer schönen und edlen Dame verheiratet, doch das Schicksal wollte es, dass ihre Ehe kinderlos blieb. König Ägeus aber wünschte sich einen Erben, denn sein Bruder Pallas hatte fünfzig Söhne und Ägeus fürchtete um seine Herrschaft.

Deswegen vermählte er sich heimlich mit Äthra, der Tochter seines Freundes aus Troizen. Diese gebar ihm tatsächlich einen Sohn, den sie Theseus nannte. Ägeus wollte den kleinen Theseus jedoch nicht sofort an seinen königlichen Hof nach Athen mitnehmen. Schließlich wäre dies eine Beleidigung seiner rechtmäßigen Gemahlin gewesen.

Also schmiedete er einen Plan. Er wälzte einen schweren Felsblock zur Seite, legte darunter sein Schwert und seine Sandalen und schob den Felsen wieder darüber. Zu Äthra gewandt sagte er: „Ziehe meinen Sohn auf und sag allen, dass Poseidon sein Vater sei. Ist Theseus so groß und stark geworden, dass er diesen Felsen wegschieben kann, dann schicke ihn zu mir nach Athen!“

So geschah es. Theseus wuchs zu einem starken jungen Mann heran, der alle Altersgenossen übertraf. Eines Tages führte ihn seine Mutter Äthra zu dem Felsen und erzählte ihm, wer sein wahrer Vater sei und was es mit dem Felsen für eine Bewandtnis hatte. Theseus lachte und spuckte kräftig in seine Hände: „Das ist doch kein großes Kunststück, Mutter. Das habe ich schnell erledigt“, sagte er lachend. Mit aller Kraft stemmte er sich gegen den Felsen und schob ihn beiseite. Dann schnürte er sich die Sandalen seines Vaters an die Füße und ergriff dessen Schwert. Er wollte nach Athen aufbrechen, um seinen Vater kennenzulernen und große Heldentaten zu vollbringen.

Nach langer Reise erreichte Theseus sein Ziel: die große und wunderbare Stadt Athen, in der sein leiblicher Vater König war. Sofort ging er zum Palast und bat die Wachen, zum König vorgelassen zu werden. Ägeus war neugierig, wer dieser fremde junge Mann sein könnte und ließ ihn rufen.

Als er Theseus erblickte, traf es ihn wie ein Blitz: „Das ist mein Schwert! Und an den Füßen trägt er meine Sandalen!", rief der König freudig aus. „Oh, das ist mein lange ersehnter Sohn Theseus! Komm her und lasse dich umarmen. Wie lange habe ich auf dich gewartet. Du wirst mein Nachfolger auf dem Thron von Athen sein!"

Nachdem sich Theseus am Hof seines Vaters eingelebt hatte, begann er die Dinge in Ordnung zu bringen. Zuerst besiegte er die fünfzig Söhne seines Onkels Pallas, die es allesamt auf den Thron abgesehen hatten. Da sie ihm nach dem Leben getrachtet hatten, blieb Theseus keine andere Wahl, als sie alle zu töten. Das Volk war über den mordlüsternen jungen Königssohn sehr beunruhigt. Wer war dieser Theseus, der nach ihrem guten König Ägeus die Herrschaft übernehmen sollte, fragten sie sich sorgenvoll.

Theseus bemerkte die Zweifel an seiner Person. „Ich muss ausziehen und Gutes tun! Ich will die Welt von Ungeheuern und Ungerechtigkeiten befreien", überlegte er, als er mit seinem Vater zusammensaß.

Ägeus strich sich über seinen grauen Bart. „Hm, ich wüsste da schon etwas. Aber es erfordert sehr viel Mut und schon viele haben ihr Leben bei der Bewältigung dieser schwierigen und gefährlichen Aufgabe gelassen."

Nun war Theseus neugierig geworden. „Erzähle, Vater! Um was geht es? Ich will alles tun, damit mich die Athener wieder lieben und mir vertrauen!"

Ägeus erzählte: „Vor vielen Jahren war König Minos von Kreta sehr zornig auf mich. Er kam mit einem großen Heer nach Athen und belagerte uns so lange, bis in der Stadt Hunger und Seuchen ausbrachen. Ich musste mit König Minos Frieden schließen. Doch Minos stellte grausame Bedingungen."

Der alte König erzählte seinem Sohn, dass auf Kreta der Minotaurus lebe. „Das ist ein Ungeheuer, halb Mann, halb Stier. Das Scheusal lebt in einem verwirrenden, vom Baumeister Dädalus entworfenen Labyrinth. Alle neun Jahre muss Athen sieben Jünglinge und sieben Jungfrauen nach Kreta schicken. Dort werden sie dem Minotaurus vorgeworfen. Keiner ist je lebend aus dem Labyrinth zurückgekehrt." König Ägeus blickte traurig zu Boden.

„Zweimal haben wir schon junge Männer und Frauen nach Kreta geschickt. Das Los entscheidet, wer gehen muss. Und nun ist es wieder so weit. Wir müssen unser Versprechen einhalten."

Theseus war entsetzt. Er hatte großes Mitleid mit den Eltern. Also beschloss er, seinem Vater zu helfen und das Volk von diesem Elend zu befreien. Als er seinen Entschluss dem König mitteilte, wollte dieser ihn davon abhalten. „Endlich habe ich einen Sohn und nun willst du in den sicheren Tod gehen!"

Doch Theseus blieb hart. Er rief die Liebesgöttin Aphrodite zum Schutz für sein Vorhaben an. Dann stach er mit den ausgewählten Jünglingen und Jungfrauen in See.

Das Schiff, das die Unglücklichen zum Minotaurus brachte, war stets mit schwarzen Segeln gefahren. Dieses Mal jedoch nahmen sie auch weiße Segel mit, denn König Ägeus hatte seinen tapferen Sohn um Folgendes gebeten: „Wenn dein Plan gelingt und du den Minotaurus besiegt hast, kehre wieder zurück. Dann jedoch setze die weißen Segel. So weiß ich, dass alles gut gegangen ist."

Die Reise nach Kreta dauerte nicht lange und bald schon trat Theseus vor den König Minos.

„Was willst du hier, junger Mann?“, fragte dieser unwillig.

„Ich werde den Minotaurus töten und diesem schrecklichen Treiben ein Ende machen“, kündigte Theseus selbstbewusst an. König Minos betrachtete Theseus' herrliche Gestalt und lächelte mitleidig.

„Es ist schade um einen solchen Krieger, aber auch du, Theseus, wirst den Minotaurus nicht bezwingen. Außerdem wirst du nie wieder aus diesem riesigen, komplizierten Labyrinth voller Irrwege herausfinden. Diese Tat, Theseus, wird deine letzte sein!“

Doch das Schicksal wollte es anders. Auf Kreta traf Theseus nicht nur König Minos, sondern auch dessen schöne Tochter Ariadne. Nun zahlte sich aus, dass Theseus seine Fahrt der Aphrodite geweiht hatte, denn Ariadne verliebte sich unrettbar in den schönen Königssohn. Sie bewunderte seine Selbstsicherheit und seinen Mut, doch sie wusste auch, dass die Tat, die Theseus vollbringen wollte, ohne Hilfe nicht zu bewältigen wäre.

Der berühmte Baumeister Dädalus hatte das Labyrinth nur für den Minotaurus gebaut und es hatte Tausende und Abertausende Irrwege, die jeden, der sich hineinbegab, nicht mehr den Ausgang finden ließen. Der Minotaurus hingegen fand seine Beute stets, da sie ihm ja nicht entkommen konnte. Das grässliche Zwitterwesen selbst war durch einen Zauber in dem Labyrinth gefangen und konnte nie mehr herausgelangen.

In der Nacht, ehe Theseus zum Minotaurus aufbrach, schickte Ariadne eine Botin zu ihm. Er solle sich mit ihr an einer geheimen Stelle im Garten treffen. Theseus, dem die Königstochter aufgrund ihrer Schönheit und Klugheit schon aufgefallen war, traf sich nur allzu gerne mit dem Mädchen. Er dachte, es ginge um Liebe und Küsse, doch Ariadne blickte ihn ernst an.

„Du gefällst mir, edler Theseus, und sehr gerne will ich dir gehören, doch zunächst musst du auf mich hören“, sagte Ariadne, als Theseus sie umarmen wollte.

Der junge Held wurde ernst und lauschte Ariadnes Worten: „Das Labyrinth ist ein Irrgarten ohne Ausweg. Nimm daher dieses Wollknäuel mit und binde das eine Ende, ehe du mit den anderen in das Labyrinth gehst, an einem Baum direkt am Eingang fest. Lasse es langsam in deiner Hand abrollen, während du den Minotaurus suchst. Nimm auch dieses Schwert mit. Es ist durch meine Liebe zu dir verzaubert und wird dir helfen, das Ungeheuer zu töten."

Ariadne reichte Theseus das Knäuel mit dem Faden und ein reich verziertes Schwert. Dann umarmte sie rasch den Helden und verschwand wieder in der Dunkelheit.

Am nächsten Tag betrat Theseus mit den jungen Mädchen und Jünglingen das Labyrinth. Ehe sie jedoch einen Fuß in den Irrgarten setzten, band Theseus den Faden an einem Baum vor dem Labyrinth fest. Weiter, immer weiter schlichen die Athener unter der Führung Theseus' durch die verwinkelten Gänge. Das Knäuel wickelte Theseus dabei stetig ab. Aus der Ferne hörten die entsetzten Jugendlichen das Grunzen und das Schnauben des grässlichen Wesens, das immer näher zu kommen schien.

„Er hat uns gerochen. Ihr bleibt hier stehen und rührt euch nicht weg! Ich gehe allein zum Minotaurus und kämpfe mit ihm!", befahl Theseus und zog sein Schwert aus der Scheide.

Nur noch diesen Gang entlang und diese Abzweigung weiter – es dauerte nicht mehr lange und Theseus stand dem Minotaurus gegenüber.

Das hässliche Ungeheuer schnaubte aus den Nüstern und hob seine gewaltigen Fäuste in die Höhe, denn es wollte Theseus mit einem Schlag töten.

Doch der junge Held war zu flink. Er sprang beiseite und griff den Minotaurus von der Seite an. Ein heftiger Kampf entbrannte. Der Minotaurus war stärker und größer als Theseus, doch jener war geübter mit dem Schwert und schneller auf den Beinen.

Ariadnes Knäuel hatte Theseus sorgfältig beiseitegelegt. Dies erregte die Neugier des Ungeheuers. Als der Minotaurus seine Aufmerksamkeit für eine Sekunde auf das Wollknäuel der Ariadne richtete, stieß ihm Theseus Ariadnes Schwert der Liebe ins Herz. Mit einem gewaltigen Schlag fiel das Ungeheuer tot zu Boden.

Nachdem er seine Aufgabe erledigt hatte, nahm Theseus wieder Ariadnes Wollknäuel auf. Langsam ging er dem Faden nach und wickelte das Knäuel wieder auf, bis er mit seinen Gefährten den Ausgang des Labyrinths erreicht hatte.

König Minos war keineswegs glücklich darüber, dass Theseus das Ungeheuer getötet hatte. Er wollte Theseus gefangen nehmen, doch dieser entfloh mit seinen Gefährten auf das Meer hinaus. Ariadne begleitete ihn, denn die beiden liebten sich sehr.

Doch noch war Theseus nicht in Sicherheit. Auf der Rückreise erschien ihm der Gott Dionysos. „Ariadne ist meine Braut und wenn du sie mir wegnimmst, so wird dich und die Deinen mein hasserfüllter Zorn auf ewig verfolgen!“, drohte der Gott.

Theseus, der sonst vor nichts Angst hatte, ließ sich einschüchtern. Voller Trauer ließ er die weinende Ariadne auf der Insel Naxos zurück. Dionysos holte sie als seine Geliebte auf einen Berg. Voller Kummer über den Verlust seiner geliebten Ariadne segelte Theseus weiter in Richtung Heimat. Aus Trauer vergaß er, die schwarzen Segel abzunehmen und die weißen zu hissen.

König Ägeus, der von seiner Burg herab das Schiff mit den schwarzen Segeln sah, glaubte, dass sein Sohn Theseus und all die jungen Menschen tot seien. Sein Schmerz und seine Verzweiflung darüber war so groß, dass er sich von dem hohen Felsen der Akropolis ins Meer hinabstürzte. Seit dieser Zeit heißt das Meer dort das „Ägäische Meer“.

Abenteuerliche Reisen

Die Irrfahrten des Odysseus

König Odysseus von Ithaka war ein großer griechischer Held, der vor allem für seine Klugheit berühmt war. Seine schöne Frau hieß Penelope, sein kleiner Sohn, den er sehr liebte, trug den Namen Telemach.

Eines Tages bat ihn sein Freund König Menelaos von Sparta, ihm bei einem Feldzug beizustehen. „Der trojanische Prinz Paris hat meine Frau Helena geraubt. Du bist mein Freund. Hilf mir bitte, Helena zurückzuholen!“

Odysseus nickte. „Ich verstehe, dass du dich an Troja rächen willst. Paris darf nicht einfach die Frau eines anderen entführen, das ist ein Verbrechen! Ich werde dir mit meinen Kriegern zur Seite stehen, wenn du gegen Troja in den Kampf ziehst.“

Also sammelte Odysseus seine Männer um sich und segelte gemeinsam mit König Menelaos und anderen griechischen Fürsten nach Troja.

Dies war der Beginn eines schrecklichen Krieges. Die Trojaner wollten ihre Stadt nicht aufgeben und die Griechen ließen sich nicht entmutigen. Zehn Jahre lang tobte die Schlacht, doch die griechischen Krieger schafften es nicht, in die Stadt zu gelangen. Zu stark waren die Mauern und zu mutig die Verteidiger. Als die griechischen Männer des Kämpfens müde und des Krieges überdrüssig waren, erdachte Odysseus einen schlauen Plan, mit dem die Trojaner endlich besiegt und der Krieg beendet werden konnte. Als er König Menelaos seinen Vorschlag unterbreitete, war dieser begeistert.

„Auf so eine Idee hast auch nur du kommen können, Odysseus, mein listenreicher Freund!“, rief er aus.

Odysseus schlug vor, am Strand ein riesiges Pferd aus Holz zu bauen, in dessen Bauch sich die mutigsten und stärksten der griechischen Krieger versteckten. So geschah es auch. Alle anderen segelten davon. Die Trojaner waren sehr erleichtert, als sie die Schiffe der Griechen am Horizont verschwinden sahen. Wie Odysseus vorhergesehen hatte, glaubten sie, dass die Spartaner aufgegeben hätten und das Pferd ein Geschenk sei. Sie öffneten die Tore und zogen es unter lauten Jubelrufen in die Stadt.

Dann jedoch nahm die Katastrophe ihren Lauf.

Als es Nacht wurde und alle schliefen, kletterten die griechischen Krieger, allen voran Odysseus, aus dem Bauch des Pferdes. Sie wüteten in der Stadt und eroberten sie in nur einer Nacht. Die List des gewitzten Odysseus beendete endlich den schon zehn Jahre währenden Trojanischen Krieg.

Doch nun wollte Odysseus so schnell wie möglich nach Hause zu seiner Frau und seinem Sohn. Zu lange schon war er von ihnen getrennt gewesen und seine Sehnsucht war groß. Mit seinen Männern bestieg er sein Schiff und nahm Kurs auf Ithaka.

Doch Odysseus war weder bei allen Menschen noch bei allen Göttern beliebt. Besonders der aufrichtige Meeresgott Poseidon, der seine Ziele stets geradlinig verfolgte, verachtete Odysseus wegen seiner heimtückischen Listigkeit und wollte ihm eine Lehre erteilen. Kaum war Odysseus auf dem Meer in Richtung Heimat unterwegs, sorgte Poseidon dafür, dass Odysseus' Reise nach Hause zu einer sehr langen Irrfahrt wurde.

Der Meeresgott schickte Odysseus und seinen Männern einen schrecklichen Sturm, der sie zu einer unbekannten Insel trieb. Dort lebte der grausame einäugige Riese Polyphem. Für den Zyklopen bedeuteten die erschöpften Männer eine willkommene Abwechslung in seinem Speiseplan. Er fing sie ein und sperrte sie in eine Höhle. Nach und nach wollte er sie zum Abendessen braten. Doch Odysseus war nicht so leicht einzuschüchtern, auch wenn seine Krieger vor Angst zitterten. Der listenreiche Held beobachtete, dass Polyphem seine Schafe, die ebenfalls in der Höhle lebten, täglich auf die Weide trieb. Da kam ihm eine Idee.

„Verlasst euch auf mich, ich bringe euch hier heraus!“, versprach er seinen Männern. Dann befahl er ihnen, sich an den Bäuchen der Schafe festzubinden. Als Polyphem die Höhle betrat, stach ihm Odysseus mit einer brennenden Fackel das eine Auge aus und band sich dann schnell ebenfalls am Bauch eines Schafes fest. Polyphem brüllte vor Wut und Schmerz, denn er war nun blind und hilflos. Als er seine Schafe wie jeden Tag auf die Weide trieb, überprüfte er misstrauisch jeden Rücken der Tiere, doch an die Bäuche, an denen die Griechen hingen, dachte er nicht.

So entkamen Odysseus und seine Freunde mit den Schafen aus der Höhle des grausamen Zyklopen. Schnell bestiegen sie ihr Schiff und segelten davon. Die Hoffnung war groß, die Heimat bald wiederzusehen.

Auf ihrer Rückreise machten sie Rast bei König Äolus, der seinem Freund Odysseus einen besonderen Weinkrug schenkte. In diesem waren alle widrigen Winde eingesperrt, die Odysseus von der Heimat hätten fernhalten können.

„Öffne den Krug nie, denn sonst entkommen die Winde und du wirst in die Ferne getrieben!“, warnte Äolus. Unglücklicherweise vergaß Odysseus, dies seinen Männern zu erzählen, und so geschah es, dass einer auf der Suche nach Wein den Krug öffnete. Da erhob sich ein gewaltiges Brausen und Sausen in der Luft. Schreckliche Winde und Stürme fuhren aus dem Krug und erfassten das Schiff. In kurzer Zeit wurde es weit in unbekannte Fernen

getrieben, und neue, gefährliche Abenteuer warteten auf den griechischen Helden.

Auf einer fernen Insel traf er auf die schöne Zauberin Kirke, die sich auf der Stelle in den kühnen Helden verliebte. Sie braute einen Liebestrank und Odysseus hatte nur noch Augen für sie. Er vergaß seine geliebte Frau und seinen Sohn. Selbst seine Kameraden hatte er vergessen. Diese hatte Kirke in grunzende Schweine verwandelt. Träge und faul blieb der einstige Held Odysseus im Liebesrausch auf der Zauberinsel gefangen. Er verlor seinen scharfen Verstand und wurde schwach.

Doch Hermes, der Götterbote, hatte Mitleid mit ihm. Er erschien Odysseus, als jener auf Kirkes Insel allein spazieren ging. „Erinnerst du dich nicht mehr an deine Freunde, Odysseus? An deine Frau Penelope und an deinen kleinen Sohn? Kirke hat euch alle verzaubert. Hier, iss von diesem Kraut! Das wird dich von dem Liebeszauber heilen“, sagte Hermes und reichte ihm einige Blätter. Odysseus hatte Vertrauen zu Hermes, der schon immer sein Freund gewesen war. Er aß von den Blättern und plötzlich erinnerte er sich wieder an alles, was geschehen war. Voller Scham gestand er sich ein, dass er seine Freunde im Stich gelassen und blind vor Liebe sogar seine Frau vergessen hatte.

Wutentbrannt rannte er zu Kirke und verlangte: „Auf der Stelle gibst du meinen Männern ihre richtige Gestalt zurück!“

Erschrocken wagte Kirke nicht, sich Odysseus entgegenzustellen und tat, was er befohlen hatte. Kurz darauf konnte Odysseus seine Freunde wieder in die Arme schließen.

Odysseus und seine Männer wollten nun so schnell wie möglich heim nach Ithaka. Kirke bereute, was sie Odysseus und seinen Männern angetan hatte, deshalb gab sie ihm einen letzten Rat mit auf den Weg. „Nimm dich in Acht vor den Sirenen! Das sind Vögel, die einen Frauenkopf haben. Wer ihrem verführerischen Gesang folgt, wird sterben!“

Frohen Mutes segelten Odysseus und seine Männer los. Odysseus war, seitdem er von ihnen gehört hatte, sehr neugierig, was es mit den Sirenen auf sich hatte. Er konnte der Versuchung einfach nicht widerstehen, die Fabelwesen singen zu hören, doch seine Freunde wollte er dieses Mal nicht in Gefahr bringen. Als sie in die Nähe der Sireneninsel kamen, verstopfte

Odysseus seinen Gefährten die Ohren mit Wachs, sodass sie nichts mehr hören konnten. Er selbst ließ sich an einem Mast anketten und befahl, ihn auf keinen Fall loszubinden, auch wenn er noch so sehr darum bäte.

Als die Sirenen das Schiff erblickten, begannen sie sogleich zu singen, um die Männer anzulocken. Noch nie hatte Odysseus schönere Klänge gehört! „Bindet mich los, bitte bindet mich los! Ich will die Sirenen sehen, ich will zu ihnen gehen", flehte er und hatte sein eigentliches Ziel, seine Heimat Ithaka und seine Familie, schon wieder völlig vergessen. Doch seine Kameraden konnten Odysseus' Flehen nicht hören. Das Wachs in ihren Ohren machte sie taub. Unbeirrt segelten sie weiter. So kam Odysseus ohne Schaden an der Insel der Sirenen vorbei.

Doch die nächste Gefahr lauerte bereits. Das Schiff des Odysseus näherte sich einem schlimmen Ort im Meer namens „Skylla und Charybdis". Skylla war ein menschenmordendes Ungeheuer mit vielen Köpfen, Charybdis ein schrecklicher Strudel, der die Schiffe in die Tiefe riss. Wollte man Charybdis umfahren, musste man nahe an Skylla heran, daher mieden die meisten Schiffe diese Gegend.

Doch der selbstbewusste Odysseus entschied, das Abenteuer zu wagen, denn ansonsten hätte er einen Umweg fahren müssen. Außerdem ließ es sein Stolz nicht zu, vor einer Gefahr zu fliehen. Welchem großen Risiko er dabei seine Freunde aussetzte, ließ er außer Acht. Und fast hätten sie das Wagnis geschafft! Doch als sie den Strudel Charybdis gerade glücklich hinter sich gelassen hatten, tauchte die schreckliche Skylla auf. Ihre riesigen Mäuler waren überall und in Windeseile fraß sie alle Freunde des Odysseus auf. Er entkam als Einziger.

Einsam strandete Odysseus auf der Insel der Nymphe Kalypso, die ihn pflegte und tröstete. Der griechische Held versank in tiefer Trauer. Die Schuldgefühle quälten ihn bei Tag und bei Nacht. Warum nur war er so hochmütig gewesen und hatte geglaubt, er sei unbesiegbar? Er allein fühlte sich schuldig am Tod all seiner Freunde. Als er wieder bei Kräften war, half ihm die gutmütige Kalypso, ein Floß zu bauen. Dankbar nahm Odysseus Abschied und wenige Tage später berührte er nach zwanzig langen Jahren endlich wieder den Boden seiner Heimatinsel Ithaka.

Das erste Wesen, das er sah, war ein alter Hund, der ihn sofort wiedererkannte. Er war noch ein Welpe gewesen, als Odysseus in den Krieg gezogen war. Ehe er zu seinem Königshof wanderte, verkleidete sich Odysseus als Bettler. Er wollte zunächst unerkannt nach dem Rechten sehen. Wie zornig wurde er, als er sah, was in der Zwischenzeit geschehen war! Er selbst wurde offenbar für tot gehalten. Zahlreiche Männer nutzten die Notlage der einsamen Penelope aus und hielten um ihre Hand an. Sie hatten sich im Palast eingenistet und lebten dort seit Jahren auf ihre Kosten. Die Königin konnte sich nicht wehren und ihr Sohn war noch ein Jüngling.

Penelope wusste, dass sie sich für einen der Bewerber entscheiden musste, wenn am Hofe wieder Ruhe einkehren sollte. Daher ließ sie verkünden: „Wir veranstalten einen Bogenschießwettbewerb. Wer es schafft, mit dem Bogen des Königs Odysseus einen Pfeil durch die Öhren von zwölf Äxten zu schießen, den werde ich heiraten!"

„Wie klug sie ist", dachte Odysseus beeindruckt, denn keiner außer ihm konnte den schweren Bogen spannen.

Als sich die Bewerber zum Wettkampf versammelten, stellte sich auch der verkleidete Odysseus dazu. Großspurig ergriff der erste Bewerber den Bogen. „Das habe ich gleich erledigt", prahlte er. Doch als er versuchte, den Bogen zu spannen, konnte er die Sehne keinen Zentimeter bewegen. Beschämt musste er aufgeben. Dem Nächsten und Übernächsten erging es nicht anders.

Schließlich kam die Reihe an Odysseus. Er trat nach vorne, warf seine Bettlerkleider ab und stand strahlend und kraftstrotzend da. Penelope glaubte, ihren Augen nicht zu trauen. Ihr Mann war zurückgekehrt!

Odysseus spannte nun ohne Anstrengung den Bogen, legte einen Pfeil ein und schoss ihn durch alle zwölf Öffnungen. Dann drehte er sich um und rief den Bewerbern zornig entgegen: „Ihr Schmarotzer solltet bestraft werden! Ihr habt euch hier satt gegessen, habt getrunken und meine Frau nicht in Ruhe leben lassen. Dafür sollt ihr büßen!" Drohend richtete er seinen Bogen auf einen der Freier.

Da bekamen es alle mit der Angst zu tun und rannten schnell davon. Im Nu war der Hof leer. Odysseus und Penelope aber fielen sich glücklich in die Arme. Endlich war die Familie wieder vereint.

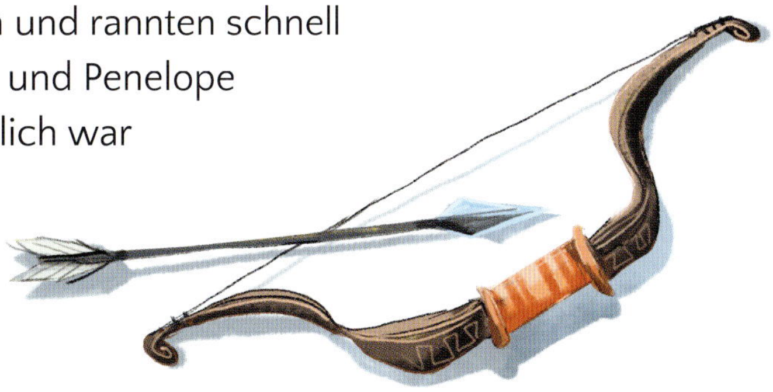

Parsivals Suche nach dem Heiligen Gral

Parsival war der Sohn eines edlen Königs, der bei einem Kampf im Morgenland sein Leben gelassen hatte, als Parsival noch ganz klein war. Seine Mutter Herzeleide war über den Tod ihres Gemahls so traurig, dass sie mit ihrem Sohn weit fort von allem in die Einöde zog. Sie wollte Parzival vom höfischen Leben fernhalten, denn ihre größte Angst war, dass ihr einziger Sohn eines Tages ebenfalls Ritter werden wolle wie sein Vater.

So wuchs Parsival ganz allein auf einem kleinen Hof mitten im Wald zu einem starken Mann heran. Seine Welt war voller Sicherheit und Ehrlichkeit. Lüge und Grausamkeit hatten darin keinen Platz. Doch in ihm wuchs eine große Sehnsucht. „Ich würde so gerne wissen, wie es auf der Welt aussieht. Neulich sah ich Spuren eines Wagens im Schlamm. Welche Menschen saßen auf dem Wagen? Wohin wollten sie?“, grübelte Parsival, wenn er allein war.

Eines Tages, als er wieder einmal im Wald auf der Jagd war, begegnete ihm eine Schar prächtiger Ritter. Sie sprachen von einer Welt, die Parsival völlig fremd war. „Wir dienen dem edlen König Artus! Wir ehren den Heldenmut, wir helfen den Armen und wenn wir sterben müssen, dann sterben wir stolz und ohne Klage“, berichteten die Ritter.

Parsival lief sogleich nach Hause zu seiner Mutter und erzählte ihr von der Begegnung. „Ich muss unbedingt als Ritter in die Welt ziehen, liebste Mutter! Lass mich gehen!“, flehte Parsival.

Herzeleide sah ein, dass sie ihren Sohn nicht einsperren konnte. Dennoch wollte sie nicht tatenlos zusehen, wie Parsival sein Leben aufs Spiel setzte, und schmiedete einen Plan.

„Ich möchte dir noch ein schönes Gewand nähen, damit du gut gekleidet in die Welt gehst“, sagte Herzeleide und nähte Parsival ein Narrengewand. „Hoffentlich wird er in diesem Gewand ausgelacht und kommt wieder heil zu mir zurück!“, dachte sie.

Voller Freude machte sich Parsival in seinem Narrengewand auf den Weg in sein neues Leben. Bald kam er an eine Stadt, in der König Artus gerade Hof hielt. Parsival bestaunte die prächtige Burg, als ein rot gekleideter Ritter herabpreschte. Er hielt einen goldenen Becher in der Hand und prahlte damit, ihn soeben von Artus' Hof gestohlen zu haben. „Wenn Artus ihn wiederhaben will, so muss er einen seiner Männer schicken, um mit mir zu kämpfen!", höhnte der Ritter großspurig.

Da reifte in Parsival ein Entschluss. Er jagte zur Burg hinauf und sprach bei König Artus vor, der von den Rittern seiner Tafelrunde umringt war: „Edler König Artus, Ihr kennt mich nicht. Mein Name ist Parsival. Seid versichert, ich werde den goldenen Becher wiederbringen, den Euch der Rote Ritter gestohlen hat. Als Lohn erbitte ich dessen Rüstung und Pferd!"

König Artus wunderte sich sehr über die Selbstsicherheit Parsivals. Immerhin trug der junge Mann ein Narrenkleid! Doch der König war gutmütig. „Wenn du Erfolg hast, so soll dir die Rüstung des Roten Ritters gehören!", versprach er.

Frohen Mutes schwang sich Parsival auf sein unscheinbares Pferd und forderte den Roten Ritter zum Kampf. Alle Zuschauer lachten über ihn und am lautesten lachte der riesige Rote Ritter.

„Du Narr! Nie wirst du gegen mich gewinnen!", rief er.

Dann begann der Kampf. Erstaunt stellte der Rote Ritter fest, dass der junge Mann im Narrenkleid schnell und wendig war und geschickt mit dem Schwert umgehen konnte. Ehe er sichs versah, hatte Parsival den Roten Ritter vom Pferd geschlagen. Nun lag er in seiner eisernen Rüstung auf dem Rücken und zappelte wie ein Käfer. Jetzt lachten die Zuschauer über ihn und bejubelten den jungen Mann im Narrenkleid.

Auch König Artus war begeistert. „Du hast dir die Rüstung ehrlich verdient. Ich bin stolz auf dich“, lobte er den Sieger.

Parsival legte die prächtige Rüstung des Roten Ritters an und bestieg dessen großes Pferd. Nun lachte niemand mehr über ihn, er hatte sich den Respekt der Menschen verdient. Fortan erkundete Parsival das ganze Land und rettete dabei so mancher schönen Frau das Leben. Doch immer noch trieb ihn eine unbekannte Macht an, weiterzuziehen, denn Parsival wusste nicht, was seine wirkliche Bestimmung war.

Eines Tages gelangte er an einen See, an dem einige Männer ihre Netze auswarfen. In einem der Boote erblickte Parsival einen kostbar gekleideten Ritter, der sehr krank und schwach aussah. Parsival grüßte und die Männer grüßten zurück. Freundlich luden sie ihn ein, auf der nahe gelegenen Burg zu übernachten. Einem unbestimmten Gefühl folgend nahm Parsival die Einladung an.

Auf der Burg wurde Parsival wie ein Ehrengast empfangen. Die Königin sandte ihm wertvolle Geschenke und der König der Burg, der Amfortas hieß, bat ihn zum Abendessen.

Als Parsival den prächtigen Speisesaal betrat, erkannte er im König den kranken Ritter wieder, den er zuvor im Boot sitzen gesehen hatte. In der Anwesenheit des Königs war Parsival sehr unsicher und wusste nicht, wie er sich verhalten sollte. Daher sprach er den ganzen Abend über kein einziges Wort. Diener kamen herein und zeigten ihm einen verbeulten Helm und eine blutverkrustete Lanze, doch Parsival sprach noch immer kein Wort.

Plötzlich öffnete sich eine Tür und viele schöne Frauen traten herein, die schönste von ihnen war die Königin. In ihren Händen trug sie den Heiligen Gral, den Becher, aus dem Jesus beim letzten Abendmahl getrunken hatte. Der Heilige Gral strahlte ein helles Licht aus. Alle Teller und Becher im Saal füllten sich wie von Geisterhand mit den herrlichsten Speisen und Getränken. Anschließend trug die Königin den Gral wieder hinaus. Parsival aber wusste einfach nicht, was er sagen sollte und schwieg weiter. Als er kurz darauf schlafen ging, sahen ihm alle enttäuscht nach.

Am Tag darauf erwachte Parsival in einer verlassenen Burg. Kein Mensch war mehr zu sehen.

Erst viel später erfuhr er von einer weisen Frau, dass er auf der berühmten Gralsburg gewesen war. Traurig schüttelte sie den Kopf: „Du hast die Prüfung nicht bestanden. Du hättest nur eine einzige mitleidige Frage stellen müssen und König Amfortas wäre von seiner Krankheit geheilt gewesen. Dann wärst du der Herr der Gralsburg und der Hüter des Grals geworden.

Doch nun musst du erst beweisen, dass du würdig bist, diese Aufgabe zu übernehmen!“

Parsival war enttäuscht. „Woher soll man aber auch wissen, was man tun soll, wenn es einem keiner sagt“, grummelte er vor sich hin, als er weiterritt.

Viele Jahre lang irrte er rastlos durch die Lande und versuchte, die Gralsburg wiederzufinden, um diesmal alles richtig zu machen. Doch vergebens.

Eines Tages traf er erneut auf König Artus und seine Ritter. Parsival freute sich und hoffte, in König Artus' Tafelrunde aufgenommen zu werden. Doch plötzlich erschien vor ihm die Hexe Kundrie, die Gralsbotin. Sie saß auf einem gespenstischen Maultier, das so groß war wie ein Streitross. Kundrie war sehr hässlich, denn sie war halb Mensch, halb Tier. Sie hatte eine Nase wie ein Hund und aus ihrem Mund ragten zwei Eberzähne. Ohren hatte sie wie ein Bär und ihr Haar glich Schweineborsten.

„Du hast nicht das Recht, an König Artus' Tafelrunde zu sitzen. Denn du hast Unrecht getan und musst dafür büßen! Deine Strafe ist es, ziellos umherzuirren, bis du dein Unrecht dem Gralskönig gegenüber wiedergutgemacht hast“, verkündete sie mit ihrer kreischenden Stimme, die jedermann die Haare zu Berge stehen ließ. Dann verschwand sie wieder im Wald.

Parsival ließ den Kopf hängen, verabschiedete sich von König Artus und zog weiter. Er vollbrachte viele Heldentaten, aber die Gralsburg konnte er einfach nicht mehr finden. Oft verfluchte er sein Schicksal und schimpfte auf Gott und die Menschen. Doch nach langen Jahren des Umherirrens wurde Parsival demütig.

Als er eines kalten Wintertages im Schnee niederkniete und Gott um Hilfe anflehte, erschien erneut Kundrie, die Gralsbotin. Dieses Mal hatte sie eine gute Nachricht für ihn. „Komm mit mir, Parsival! Du hast noch eine Chance. Lass sie nicht ungenutzt vorübergehen!“, warnte sie und führte Parsival zur Gralsburg, nach der er so lange gesucht hatte. Dort angekommen stellte Parsival dem schwer kranken Gralskönig Amfortas endlich die erlösende Frage: „Warum bist du so krank, lieber König?“ Amfortas seufzte erleichtert auf und konnte nun endlich wieder gesund werden.

Parsival aber hatte sein Ziel gefunden und nahm seinen Platz als neuer Gralskönig ein. Mit seiner Gemahlin Konduiramur und ihrem gemeinsamen Sohn Lohengrin lebte Parsival lange Jahre glücklich auf der Gralsburg.

Der Flug des Ikaros

Ikaros war ein Sohn von Dädalos, der als besonders kunstfertiger und erfinderischer Baumeister in ganz Griechenland bekannt war. Dädalos lebte mit seinem Sohn auf der Insel Kreta und freundete sich im Laufe der Jahre mit König Minos an, der auf der Insel regierte. Obwohl Kreta schön und fruchtbar war, lebten die Bewohner in Angst und Schrecken, denn ein grässliches Untier, das Minotaurus genannt wurde, forderte immer neue Todesopfer.

Der Minotaurus hatte den Kopf eines Stieres, sah aber ansonsten aus wie ein Mensch von riesenhafter Gestalt. Immer wieder gelang es ihm, aus seinem Gefängnis zu entkommen und auf der Insel zu wüten. Aus Angst vor dem Zorn der Götter wagten die Kreter es nicht, dem Leben des Minotaurus ein Ende zu setzen.

Eines Tages sagte Minos tief bekümmert zu Dädalos: „Lieber Freund, du hast immer so gute Einfälle, kannst du mir vielleicht helfen? Ich muss mein Volk vor dem Minotaurus schützen, aber ich weiß nicht, wie!"

Dädalos brauchte nicht lange zu überlegen. Er hob den Zeigefinger und rief aus: „Du musst ihm ein Labyrinth bauen, aus dem er nie mehr herausfinden kann!"

König Minos sprang auf und ergriff die Hände seines Freundes: „Das ist eine hervorragende Idee! Bitte, lieber Dädalos, entwerfe einen Plan für ein Labyrinth, aus dem der Minotaurus, dieses Scheusal, nicht entwischen kann."

Sofort machte sich Dädalus ans Werk. Gewissenhaft arbeitete er einen Plan aus und ließ das Labyrinth erbauen. Es war so kompliziert und hatte so viele endlose Gänge und Sackgassen, dass er, als es fertig war, fast selbst nicht mehr herausgefunden hätte.

Schnell wurde der Minotaurus, der ein wirklich hässliches und furchterregendes Ungeheuer war, herbeigeschafft und in die Mitte des Labyrinths gebracht. Und wieder einmal hatte Dädalos seine Kunstfertigkeit bewiesen – der Minotaurus konnte den Ausgang aus seinem Gefängnis nicht finden und musste fortan in den Gängen des Irrgartens leben.

König Minos ließ den Minotaurus regelmäßig füttern. Jedes Jahr mussten die Athener, die er besiegt hatte, sieben Jungen und sieben Mädchen schicken, die dem Untier zum Fraß vorgeworfen wurden. Das war natürlich ein schreckliches Unrecht gegenüber den Athenern, daher machte sich eines Tages der Held Theseus aus Athen auf, um dieser entsetzlichen Sitte ein Ende zu bereiten und den Minotaurus zu töten.

Die Tochter von König Minos, die Ariadne hieß, verliebte sich auf den ersten Blick in den stattlichen Theseus. Heimlich nahm sie ihn beiseite und gab ihm ein Knäuel selbst gesponnener Wolle. „Binde den Faden, ehe du das Labyrinth betrittst, am Eingang an. Dann wirst du den Weg zurück finden."

Auch Dädalos bewunderte den Mut des jungen Atheners und half ihm, an den Wachen vorbei in das Innere des Labyrinths zu gelangen. Tatsächlich gelang es Theseus, den Minotaurus nach einem kurzen und heftigen Kampf zu töten. Danach fand er dank Ariadnes Faden wieder mühelos zurück ins Freie.

Als König Minos erfuhr, dass Dädalos und Ariadne dem Athener bei seiner Heldentat geholfen hatten, wurde er sehr wütend. „Ihr habt einem meiner Feinde geholfen! Das ist Hochverrat! Dafür werdet ihr mir büßen!", schrie er und verhängte eine grausame Strafe: Seine Tochter Ariadne verheiratete er mit dem lasterhaften Gott Dionysos, den Ariadne zutiefst verachtete. Dädalos und sein Sohn Ikaros wurden in das Labyrinth gebracht und der Ausgang wurde hinter ihnen zugemauert. „Jetzt kannst du deine Kunsfertigkeit beweisen, Dädalos!", rief Minos und lachte hämisch.

Ikaros war verzweifelt. „Wie sollen wir dem Labyrinth entkommen, Vater?", fragte er Dädalos.

Der jedoch war schon fleißig damit beschäftigt, Vogelfedern vom Boden aufzusammeln. „Sorge dich nicht, Ikaros! Schon seit Langem habe ich mir Gedanken darüber gemacht, wie man als Mensch so frei und unbeschwert wie ein Vogel durch die Lüfte reisen könnte. Und ich habe eine Lösung gefunden! Komm, Ikaros, jammere nicht mehr, sondern hilf mir, Federn zu sammeln. Ich bringe uns hier heraus, mach dir keine Sorgen!", tröstete Dädalos seinen Sohn.

„Fliegen wie ein Vogel? Reisen durch die Lüfte? Glaubst du, lieber Vater, dass das möglich ist? Oh, es wäre wunderschön!", schwärmte Ikaros und begann fleißig auf dem Boden nach Vogelfedern zu suchen.

Es dauerte eine Weile, ehe sie genug beisammenhatten. Dann nahm Dädalos eine der Kerzen, die ihnen als Licht gegeben worden waren, und begann, das Wachs zu schmelzen.

„Mit dem Wachs verbinde ich die Federn miteinander und fertige uns daraus Flügel! Mit ihnen werden wir uns in die Lüfte erheben und auf dem schnellsten Weg möglichst weit weg von Kreta fliegen", erklärte er.

Fasziniert sah Ikaros seinem Vater dabei zu, wie er für sie beide je zwei große Flügel fertigte. Als alles vollendet war, schnallte Dädalos seinem Sohn die Flügel an die Arme und auch er selbst befestigte sich ein Paar an den Schultern. Dann begann Dädalos mit den Flügeln zu schwingen und erhob sich sanft in die Luft. Ikaros folgte dem Beispiel seines Vaters und die beiden begannen ihre Reise über den Himmel.

„Oh, wie herrlich!", schwärmte Ikaros. Wie ein Vogel flog er hinter seinem Vater durch die lauen Lüfte, der Freiheit entgegen. Unter sich sah er die Felder, die Flüsse und die roten Ziegeldächer der Städte vorüberziehen. Ikaros wurde immer waghalsiger, denn das schwerelose Reisen durch die Luft machte ihm großen Spaß und das berauschende Gefühl, wie ein Vogel zu fliegen, stieg ihm zu Kopf.

Sein Vater ermahnte ihn eindringlich: „Sei vorsichtig, Ikaros! Flieg nicht zu hoch und bleib immer genau hinter mir!“

Ikaros jedoch hörte die Ermahnungen seines vorausfliegenden Vaters nicht. Voller Freude und Übermut stieg er höher und höher. Dabei kam er der Sonne zu nahe. Das Wachs, das seine Federflügel zusammenhielt, schmolz in der Hitze und die Flügel zerfielen. Mitten in seinem Flug in die Freiheit stürzte Ikaros ab, ohne dass sein entsetzter Vater es hätte verhindern können.

Noch heute erinnert der Ort, an dem Ikaros abgestürzt ist, an die unglückselige Reise: Er trägt den Namen Ikaria.

Die Abenteuer des Barons Münchhausen

Vor dreihundert Jahren lebte im Kurfürstentum Braunschweig-Lüneburg der Baron von Münchhausen. Er war weithin bekannt, denn er hatte im Laufe seines Lebens viele Reisen unternommen. Doch nicht allein seine Reisen machten ihn so berühmt, sondern die unglaublichen Geschichten, die er darüber erzählte.

Eines Abends saß der Baron von Münchhausen wieder mit einigen Freunden und Bekannten beim gemütlichen Abendessen zusammen, da sagte eine Dame zu ihm: „Ach, lieber Baron von Münchhausen, seien Sie doch so nett und erzählen uns einige Geschichten und Abenteuer, die Sie in fernen Ländern erlebt haben!"

Der Baron, der sich sehr geschmeichelt fühlte und außerdem nichts lieber tat, als über sich zu erzählen, erfüllte er ihr nur zu gerne den Gefallen.

„Besonders bemerkenswert war meine Reise nach Russland. Als ich in dieses unwirtliche Land kam, herrschte gerade Winter und es war eisig kalt. Mein Pferd und ich froren jämmerlich, als wir so einherritten. Schließlich brach auch noch die Dunkelheit über uns herein und ich sah weder Weg noch Steg – alles war mit weißem Schnee bedeckt. Nur ein kleiner Stumpen ragte aus dem Schnee heraus. An diesem band ich mein Pferd an und legte mich nicht weit davon entfernt, gut eingemummt in meinen Mantel, zum Schlafen nieder. Ich schlief so gut und fest wie in einem Daunenbett. Am nächsten Tag erwachte ich erfrischt und schlug die Augen auf. Doch was musste ich sehen! Ich lag mitten in einem Dorf auf dem Kirchhof! Mein Pferd konnte ich zunächst gar nicht entdecken, bis ich es plötzlich laut wiehern hörte. Angestrengt blickte ich mich um. Da fiel mein Blick auf die Kirchturmspitze und da sah ich auch mein Pferd! Es war nämlich so, dass das Dorf in der Nacht so vom Schnee bedeckt war, dass

nur die höchste Spitze des Kirchturmes aus dem Schnee herausragte. Dort hatte ich mein Pferd angebunden. In der Nacht jedoch hatte das Wetter umgeschlagen und der Schnee war geschmolzen. Ich landete ganz weich und sanft auf dem Kirchhof, doch mein armes Pferd hing an der Kirchturmspitze. Nun ja, ich schoss das Halfter mit meiner Pistole entzwei und das gute Tier landete unversehrt auf allen vieren neben der Kirche. Dann ritten wir weiter!“, erzählte der Baron.

Seine Zuhörer, die an seinen Lippen hingen, wollten unbedingt noch mehr Geschichten hören und der Baron ließ sich nicht lange bitten: „Auf meinen Reisen in alle Welt bin ich immer meiner Jagdleidenschaft nachgegangen. Einmal reiste ich in ein Land hoch im Norden, das von großen wildreichen Wäldern bedeckt ist. Natürlich verbrachte ich während dieses Aufenthalts viel Zeit auf der Jagd. Einmal verfolgte ich einen edlen Hirsch. Doch das Tier war flinker als ich und bald hatte ich alle meine Kugeln verschossen. Da stand plötzlich dieser große Hirsch vor mir, fast so, als ob er gewusst hätte, dass ich ohne Munition war. Ich aber habe nicht gezögert, nahm eine Handvoll Kirschen, holte die Kerne heraus, lud damit mein Gewehr und schoss die Ladung Kirschkerne auf den Hirsch. Der Schuss war gut gezielt und der Hirsch taumelte, aber dann machte er sich doch aus dem Staub.

Ein oder zwei Jahre später war ich im selben Wald wieder auf der Jagd. Und was soll ich Ihnen sagen: Da traf ich auf eben jenen Hirsch. Er trug zwischen seinem Geweih einen stattlichen Kirschbaum! Dieses Mal hatte ich genug Kugeln dabei und erlegte das Wundertier. So hatte ich zum Braten auch gleich die gute Kirschnachspeise!“

„Lieber Baron, bitte erzählen Sie uns doch die Geschichte mit der Kanonenkugel“, bat ihn die Dame, als er geendet hatte.

„Ach, diese Sache. Nun, es verhielt sich so“, erzählte Baron von Münchhausen. „Vor einigen Jahren, als ich bei der Armee war, kamen wir auch in den fernen Orient. Dort ist, wie jeder weiß, das Unmögliche möglich und auch ich konnte mich bei dieser Reise davon überzeugen. Damals belagerten wir eine Stadt. Wir schossen Kugeln hinüber, sie schossen welche auf uns. Ich wollte zu gerne den Feind ausspionieren und dachte mir, dass ich mit einer Kugel wohl am schnellsten hinüberkäme. Also nahm ich Anlauf und setzte mich mit einem Schwung auf eine Kanonenkugel, die gerade einer der Unseren abgefeuert hatte. Unterwegs jedoch wurde mir klar, dass das wohl keine so gute Idee gewesen war. Denn wäre ich einmal hinter feindlichen Linien, so würde man mich als Spion wohl aufhängen. Also nahm ich kurz vor der Landung eine Kugel der Feinde ins Visier und sprang behände von der einen Kugel, die hin flog, auf die Kugel, die zurück

flog. Das klappte sehr gut und ich konnte meinen Offizieren einen schönen Überblick über die Lage bei den Feinden geben.

Auch beim Reiten war ich nicht zimperlich. Stets ritt ich, so schnell ich konnte. Während einer Reise durch das schöne Italien wurde ich von einem Edelmann verfolgt, den ich, ohne es zu beabsichtigen, in seiner Ehre gekränkt hatte. Ich ritt wie der Teufel und sprang mit meinem Pferd über eine Straße, auf der soeben eine Kutsche mit zwei Damen darin vorüberfuhr. Da die Fenster geöffnet waren, sprang ich mit meinem Pferd beim einen Fenster hinein und durch das andere wieder hinaus. Sogar meinen Hut konnte ich noch zum Gruße heben. Leider landete ich kurz darauf mit meinem Ross in einem schwarzen Morast, der mich immer tiefer hinabzog. Doch ich wusste mir zu helfen: Ich griff nach meinem langen Zopf, presste die Oberschenkel um meinen Gaul und zog uns zwei aus dem Morast heraus. So rettete ich mich auch aus dieser misslichen Lage und konnte wieder heil und unbeschadet nach Hause fahren!“

Die Zuhörer des Barons von Münchhausen schüttelten verwundert die Köpfe und die Dame fragte bewundernd und zweifelnd zugleich: „Lieber Herr Baron, das sind schon sehr ungewöhnliche Geschichten. Aber sind sie denn auch wahr?“

Da zwinkerte der Baron und sagte: „Meine liebe Dame, diese Geschichten sind so wahr, wie jene Geschichte, als mein Überrock während meiner Reise nach Spanien von einem tollwütigen Fuchs gebissen wurde und selbst tollwütig und rasend wurde. Zu dritt mussten wir den Rock bändigen, sonst hätte er uns alle umgebracht. Ich habe ihn als Reiseandenken mit nach Hause gebracht und nun hängt er gefesselt in meinem Schrank. Wollen Sie ihn sehen, liebe Dame?“

Die schüttelte lachend den Kopf. „Lieber nicht, Herr Baron, da glaube ich Ihnen lieber Ihre tollkühnen Geschichten!“

Baron von Münchhausen lächelte fein und schwieg.

Phaetons Fahrt über den Himmel

Phaeton war ein Sohn des Sonnengottes Helios. Da seine Mutter eine Menschenfrau war, lebte er auf der Erde. Doch jeden Tag, wenn die Sonne aufging, sah Phaeton seinen göttlichen Vater in einem golden glänzenden Wagen über den Himmel fahren.

Eines Tages, als er wieder einmal im Gras lag und die Sonne warm auf seinen Körper schien, dachte er bei sich: „Wie es wohl ist, da oben am Firmament einen Wagen zu fahren, der die ganze Welt erleuchtet? Es muss ein herrliches Gefühl sein, die geflügelten Pferde zu lenken und einfach über den Himmel zu fliegen!"

Manchmal erzählte er seinen Freunden, dass das Licht, das jeden Morgen aufging, von seinem Vater Helios stamme. Doch die verspotteten ihn und sagten: „Wenn dein Vater Helios ist, warum bist du dann hier und darfst nicht auch einmal den Sonnenwagen fahren? Das sind doch nur Lügen!"

Phaeton ärgerte sich schrecklich über seine misstrauischen Freunde und in ihm wuchs der Wunsch, den Sonnenwagen seines Vaters Helios einmal selbst zu lenken.

Eines Tages, als er es nicht mehr aushielt, machte er sich auf den Weg zum Palast des Sonnengottes. Das Schloss des Helios glänzte vor Gold, das Eingangstor war aus Silber, der Giebel aus Elfenbein. Phaeton musste sich die Hand über die Augen legen, so hell schimmerte der Palast.

Der Sonnengott empfing seinen Sohn auf dem Thron aus Edelsteinen. Rechts und links von ihm stand sein Gefolge: der Tag, der Monat, das Jahr, die Jahrhunderte und die Göttinnen der Jahreszeiten.

„Was führt dich zu mir, mein Sohn?", fragte Helios.

„Lieber Vater, ich brauche deine Hilfe. Auf der Erde verspotten sie mich, weil sie mir nicht glauben, dass du mein Vater bist!"

Da legte der Sonnengott seinen Strahlenkranz ab und umarmte seinen

Sohn. „Lieber Sohn, ich werde alles tun, was du von mir erbittest. Nenne mir deinen Wunsch und ich will ihn erfüllen!"

„So lasse mich bitte einen Tag lang deinen Sonnenwagen über den Himmel lenken! Dann würden mich meine Freunde nie mehr verspotten", bat Phaeton.

Helios erschrak. „Phaeton, das ist eine sehr gefährliche Bitte! Es ist nicht einfach, den Sonnenwagen zu lenken, denn die Pferde, die ihn ziehen, sind feurig und kaum zu bändigen, die Deichsel versprüht Funken beim Fahren und der Weg über den Himmel ist zuerst furchtbar steil, dann steht der Wagen so hoch über der Erde, dass sogar mir schwindlig wird, und bei der Fahrt bergab geht es steil hinunter und der Wagen ist kaum zu halten. Bitte fordere nicht dies von mir. Wünsche dir etwas anderes!", sagte Helios.

Doch Phaeton wurde trotzig. „Du traust mir wohl nicht zu, dass ich es schaffe. Aber ich bin dein Sohn und habe daher ebenso viel Kraft wie du. Und mutig bin ich auch, ich fürchte mich nicht vor großer Höhe. Du hast mir versprochen, dass du meinen Wunsch erfüllst. Nun, das ist mein Wunsch: Ich will den Sonnenwagen einen Tag lang lenken!", sprach er und schob das Kinn grimmig vor.

Da musste Helios nachgeben, denn er hatte einen Schwur getan.

Gerade öffnete die Morgenröte ihr Tor. Mond und Sterne verschwanden. Helios legte seinem ungeduldig wartenden Sohn den Strahlenkranz um und gab ihm noch einige Ratschläge: „Fahre nicht zu weit hinauf, aber senke dich auch nicht zu weit hinunter, sonst verbrennst du die Erde!“

Doch Phaeton hörte seinem Vater kaum noch zu. Voller Ungeduld sprang er auf den gold- und silberglänzenden Sonnenwagen und trieb die Flügelpferde an.

Schon ging es steil hinauf zum Firmament. Schnell jedoch merkten die geflügelten Pferde, dass sie nicht die gewohnte Last trugen, sondern dass ein junger, unerfahrener Mann sie lenkte, und wichen von der rechten Bahn ab! Der Sonnenwagen machte Sprünge, denn die Pferde zogen bald hierhin und bald dorthin.

Phaeton war die Freude an dieser Fahrt schnell vergangen und er versuchte, die Flügelpferde zu bändigen. Er wollte die Pferde rufen, doch er kannte ihre Namen nicht. „Macht schon, ihr dummen Gäule! Ihr sollt dahin fahren, wo ich euch hinlenke“, schrie er verzweifelt und zerrte an den Zügeln. Doch das Unglück war nicht mehr aufzuhalten.

Phaeton blickte nach unten, und als er die große Höhe sah, die er schon erreicht hatte, wurde ihm schwindlig und er ließ die Zügel los. Jetzt fuhr der Sonnenwagen ohne Lenkung über den Himmel. Mal stieß er an die Sterne, dann neigte er sich zu den Wolken, die zischend verdampften, und schließlich stürzte er immer tiefer zur Erde hinab. Die Erde spaltete sich vor Hitze, das Heidekraut begann zu glimmen, die Saat wurde versengt und ganze Städte gingen in Flammen auf. Die Hügel brannten und wo vorher ein See gewesen war, blieb nur noch Wüste übrig. Da griff der Göttervater Zeus ein. Mit einem Blitz schleuderte er Helios' Sohn vom Sonnenwagen.

Phaeton stürzte in den Fluss, der heute Po heißt und in Italien liegt. Am Ufer des Flusses beweinten seine Schwestern, die Heliaden, das traurige Ende ihres Bruders. In ihrer Trauer verwandelten sie sich in Schwarzpappeln, ihre Tränen wurden zu Bernstein. Nie wieder aber durfte ein anderer als Helios den Sonnenwagen lenken.